난정연회 蘭亭宴會

The 'Lanting' (Orchid Pavilion) Gathering

Wang Xizhi's *Lantingxu* and Chinese Culture of Nobility

by Ha, Tae-hyung

Published by Hangilsa Publishing. Co. Ltd., Korea, 2016

난정연회 蘭亭宴會

왕희지王羲之의 난정서蘭亭序와 중국 귀족문화

하태형 지음

한길사

난정연회
왕희지의 난정서와 중국 귀족문화

지은이 하태형
펴낸이 김언호

펴낸곳 (주)도서출판 한길사
등록 1976년 12월 24일 제74호
주소 10881 경기도 파주시 광인사길 37
홈페이지 www.hangilsa.co.kr
전자우편 hangilsa@hangilsa.co.kr
전화 031-955-2000~3 **팩스** 031-955-2005

부사장 박관순 **총괄이사** 김서영 **관리이사** 곽명호
영업이사 이경호 **경영담당이사** 김관영
편집 백은숙 이지은 안민재 노유연 김광연 신종우 원보름
마케팅 윤민영 양아람 **관리** 이중환 문주상 김선희 이희문 원선아
디자인 창포 **CTP 출력 및 인쇄** 천일문화사 **제본** 광성문화사

제1판 제1쇄 2016년 7월 5일

값 30,000원
ISBN 978-89-356-7204-2 03900

옛 문장을 대함에 탄식하지 않을 수 없으니
그 감회를 어디다 비유할 수가 없도다.

난정연회蘭亭宴會
왕희지王羲之의 난정서蘭亭序와 중국 귀족문화

머리말 ··· 9

제1부 난정서는 어떻게 탄생했는가

난정蘭亭으로의 여행 ································· 14

왕희지의 난정서蘭亭序: 그 신화神話의 탄생 ············· 25

당 태종 이세민: 난정서의 최대 후원자 ················ 34

당 태종의 난정서 절취사건: '소익렴난정'蕭翼賺蘭亭 ······ 39

석숭의 금곡시서金谷詩序: 난정서의 모델 ··············· 52

제2부 난정서의 내용

유상곡수流觴曲水 전통의 시작 ······················· 64

현언玄言: 철학적 내용의 이면 ······················· 78

유한한 인생에 대한 슬픔 ··························· 86

문장의 마무리 ··································· 96

제3부 난정서를 둘러싼 이야기

임하서臨河敍와 난정서蘭亭序 ························· 106

왕희지 가문의 일화 ······························· 112

소쇄瀟灑의 의미 ································· 134

풍류소쇄風流瀟灑의 재상, 사안 ······················ 139

제4부 난정시 읽기

도교와 자연: 왕희지의 난정시蘭亭詩 ································ 158

사안의 난정시蘭亭詩 ·· 167

사안의 동생, 사만의 난정시蘭亭詩 ···································· 173

유방백세流芳百世의 대사마大司馬, 환온 ···························· 179

난정연회蘭亭宴會의 마지막 주역, 손작 ····························· 194

손작의 난정후서蘭亭後序 ·· 206

제5부 난정서의 판본 문제

풍승소의 신룡본神龍本 ·· 222

구양순의 정무난정서定武蘭亭序 ·· 231

우세남의 장금계노본張金界奴本 ·· 244

저수량의 임본臨本과 진본眞本의 행방 ······························· 252

난정서의 진위眞僞 논란 ·· 263

추사秋史의 계첩고禊帖攷 ··· 272

부록 1 이 책에 나오는 고사성어故事成語 ····························· 288

부록 2 난정서 원문과 고문진보 난정기의 다른 글자 ········· 294

부록 3 난정시 전문全文 해석 ·· 296

참고자료 ·· 322

맺는말 ·· 325

머리말

글을 마치고나니 절로 안도의 한숨이 나온다. 방대하다면 방대하다 할 수 있는 이 「난정서」蘭亭序를 언제 정리하여 책으로 펴낼 수 있을까란 자문自問을 달고 살았다. 마침 경제연구원장직에서 물러나 일년 남짓의 시간이 주어진 이때야말로 숙원이었던 이 일에 전념할 수 있는 소중한 시간이었던 셈이다. 이 책은 이러한 나의 오랜 소망과 숙원의 결실이다.

「난정서」를 처음 접한 것은 2005년경으로 기억된다. 서예계의 거두이신 하석何石 박원규朴元圭 선생님을 모시고 서예書藝와 한학漢學 공부를 시작하는 행운을 누리게 되었다. 본성이 게을러, 꾸준한 노력을 기울여야 하는 서예보다는 한문漢文에 관심이 더 많았는데 「난정서」를 접하자마자 이내 화려한 서체와 유려한 문장에 빠져들었다. 공부하면 할수록 이 「난정서」가 신기루 같은 존재임을 알게 되었으며 이를 알기 위한 나의 노력도 몇 배로 늘어났다. 그 후로 많은 시간이 흘렀고 수집한 자료가 방대해짐에 따라 언젠가는 자료를 정리하여 한 권의 책으로 남기고 싶은 마음이 점점 커졌다.

한국과 중국, 그리고 일본에서 발간된 「난정서」에 대한 서적들을 보면 대부분 서예 관점으로만 국한되어 있다. 「난정서」가 서예사에서 차지하는 위치를 감안하면 놀라운 일은 아니다. 「난정서」는 서성書聖이라 불리는 왕희지王羲之의 서예작품 중에서도 최고로 꼽힌다. '천하제일행서'天下第一行書, 즉 모든 서예작품 가운데 최고봉이기 때문이다. 그러나 이 「난정서」를 서예 관점으로만 바라본다면 전체 그림의 반의 반 정도밖에 보지 못하는 격이다.

왜 그러한가? 유구한 중국의 역사상 가장 혼란했던 시기가 바로 위진남북조魏晉南北朝였다. 이 혼란했던 시기에, 역설적이게도 중국 역사상 가장 찬란했던 '귀족문화'貴族文化가 꽃핀다. 불꽃은 꺼지기 바로 직전에 가장 밝게 타오르는 법이다. 「난정서」의 배경이 되는 '난정蘭亭의 연회宴會'는 남북조시대 정치적 암흑기가 시작되기 직전에 가장 화려하게 타오른 중국 귀족문화의 '마지막 불꽃'이었다. 「난정서」는 이러한 귀족문화의 정점頂點인 난정연회蘭亭宴會의 결과물이다. 따라서 「난정서」를 완전하게 이해하기 위해서는 중국 역사상 가장 찬란했던 위진남북조의 귀족문화, 더 나아가 '난정의 연회' 자체를 이해하여야 전체적인 그림을 볼 수 있다. 이러한 점에서 이 책은 한·중·일에서도 처음 시도되는 '난정문화'蘭亭文化에 대한 본격적인 종합 안내서라 할 수 있다.

이 책이 나오기까지 필자는 여러 사람들에게 많은 도움을 받았다. 먼저 무지한 필자를 한학과 서예의 세계로 이끌어주신 하석 박원규 선생님께 무한한 감사와 존경을 드린다. 특히 선생님은 필자의 공부가 깊이를 더할 수 있도록 모범을 보이시고, 끊임없는 격려를 해주셨으니, 결과물인 이 책은 당연히 스승이신 하석 선생님께 바치는 것이 도리일 것이다. 또한 수년간 하석 선생님 문하에서 남들은 쳐다보지도 않는 이 「난정서」란 화두로 함께 머리를 맞대고 치열한 논쟁과 공부를 함께 해온 동도同道들, 항백 박덕준, 지언 문종훈, 무애 배효룡, 불일당 오미숙 씨 등에게도 감사인사를 전한다. 또한 필자와 함께 난정 기행을 군말 없이 떠나준, 친애하면서도 존경하는 대학친구 장종현 박사와 손병옥 본부장에게도 깊은 감사의 심정을 전한다. 마지막으로 가장 힘든 교정 작업을 도맡아 수고해준 같은 하석 선생님 문하의 장헌 김정환 씨에게 큰 감사를 드린다. 이 책의 출판을 기꺼이 맡아준 한길사 김언호 사장님께도 깊은 고마움을 표하고자 한다.

모쪼록 이 한 권의 책이 욱일승천하는 중국 대륙 정신의 중요한 일면을 좀 더 잘 이해하는 밑거름이 되기를 바라는 마음 간절하다.

2016년 4월 마지막 날
여의도 사무실에서

양우 하태형.

계절의 변화^{代謝}는 끊임이 없어^{鱗次}

어느덧 돌아서^周 한 해가 바뀌네.

기쁘게 이 봄을 맞으니

따사로운 봄바람은 부드러워

저 무우^{舞雩}에서 봄 노래를 부른 (증점^{曾點}과)

시대는 다르지만 (지닌 바 아취^{雅趣}는) 나도 같은 무리라네.

이에 같은 뜻을 지닌 동지^{齊契}들을 데려와^攜

자연^{一丘}에 인간사 회포를 풀어보네.

· 왕희지^{王羲之}

代謝鱗次

忽焉以周

欣此暮春

和氣載柔

詠彼舞雩

異世同流

乃攜齊契

散懷一丘

제1부

난정서는 어떻게 탄생했는가

난정蘭亭으로 떠난 여행

가슴이 뛰었다. 2015년 5월 31일 오후 1시 40분. 「난정서」蘭亭序를 처음 접한 지 정확히 10년 만에 처음으로 '난정'蘭亭의 고향인 소흥紹興에 도착하는 순간이었다. 바빴던 경제연구원장직을 내려놓자마자 처음으로 한 생각이 소흥을 방문하자는 것이었다. 「난정서」를 하석何石 선생님을 통해 처음 접한 순간 문장에 빠져들었으며, 그 글씨에 매료되었다. 이후 공부를 꾸준히 하였지만 알면 알수록 모호해지는 신기루 같은 이 「난정서」에 매달린 지 10여 년. 이제는 공부해온 방대한 내용을 기록으로 정리할 시점이 되었다고 생각해오던 터였다.

'난정'을 여행할 최고의 시기는 바로 「난정서」가 쓰여진 계절이다. 음력 3월 3일인데, 2015년엔 4월 21일경이었다. 한문漢文은 자신이 있지만 중국어는 인사말 몇 마디 외에는 할 줄 몰랐기에, 절강성浙江省 소흥까지 가는 여행은 상해 푸동 공항에서부터 전속 가이드와 통역사가 필요한 여정이었다. 고맙게도 대학 동기이자 대기업의 중국사장을 지낸 중국통인 친구가 취지를 듣더니 기꺼이 가이드 역할을 자청해주었다. 또 은행 임원인 다른 친구가 동행을 희망하여 세 사람으로 탐방객이 구성되었다. 세 사람의 일정을 조율하다보니 본래 계획한 4월 말

여행이 한 달여 정도 뒤로 미뤄진 점이 다소 아쉬웠지만 의기투합한 친구끼리 떠난 여행은 훨씬 만족스러웠다.

소흥은 춘추春秋시대 오패五霸 중 하나인 월越나라의 수도였다. 곳곳에 지난 시절 이곳이 월나라임을 상기시키는 상징들이 눈에 띄었다. 월을 상징하는 큼직한 전서체篆書體 글자, 월나라 궁전이었다는 월왕대越王臺, 오왕吳王 부차夫差에게 미인계美人計로 바쳐진 중국 4대 미인 가운데 '침어'沈魚로 대변되는 서시西施의 유적, 이러한 서시를 발굴해 낸 책사策士 범여范蠡의 이름을 딴 거리 등 눈길을 돌리는 곳마다 역사의 상징들이 눈에 띄었다.

사실 역사를 보면 월나라는 신기루처럼 나타났다가 신기루처럼 사라져버린 특이한 나라였다. 중국의 역사가 황하黃河 유역을 중심으로 진행된 점을 생각해보면, 양자강揚子江보다도 더 남쪽에 위치하는 월나라는 예전부터 오지奧地로 취급될 수밖에 없었다. 『사기』史記의 「중니제자열전」仲尼弟子列傳은 공자의 제자 자공子貢이 월나라를 방문하는 장면을 다음과 같이 전한다.

　　월왕越王 구천句踐은 길을 청소하고 교외까지 나와 자공子貢을 맞이한 후 몸소 수레를 몰아 자공을 숙소까지 데려다주면서 이렇게 말했다.
　　"이곳은 오랑캐 땅蠻夷之國인데 대부께서 어인 일로 몸소 여기까지 납시셨습니까?"

　　越王除道郊迎, 身御至舍而問曰: "此蠻夷之國, 大夫何以儼然辱而臨之?"

▲ 범여의 이름을 딴 범여로范蠡路.

▼ 서시에게 춤과 노래를 가르쳤다는 장소인 서시산西施山 유적.

월나라 궁전이었다는 월왕대越王臺.

곳곳에서 눈에 띄는 '월'越자 전서체. 과거에는 여기가 월나라 땅이었음을 알려준다.

항주杭州 밑의 소흥紹興이 난정의 고향이다. 옛날 춘추전국시대 오나라의 수도는 소주蘇州였으며, 소흥은 월나라의 수도였다. 남경南京은 삼국시대의 오나라 수도였으며, 이후 동진의 수도이기도 했다.

일국의 왕^王 스스로 '오랑캐 땅'이라 칭하던 이곳은, 이후 우리가 잘 아는 소위 '와신상담'^{臥薪嘗膽}의 고사와 같이 월나라가 오^吳나라를 멸 망시키면서 화려하게 역사에 등장한다. 그러나 구천이 죽은 후, 다시 월나라는 역사 속으로 사라진다. 이처럼 잊혀진 월나라 땅 소흥이 다 시 역사에 등장하는 때는 바로 남북조^{南北朝} 시기였다. 『삼국지』^{三國志} 의 영웅들이 치열한 싸움을 벌인 후 천하를 통일한 사마 씨^{司馬氏}의 진 ^晉나라는, 얼마 되지 않아 북쪽 흉노 유연^{劉淵}에게 멸망당한다. 이후 사 마예^{司馬睿}가 남쪽으로 도망한 뒤, 낭야^{琅邪} 지방의 호족 왕도^{王導}의 힘 을 빌려 오나라의 수도였던 건강^{建康: 오늘날의 남경}에 다시 나라를 세우 니, 이것이 바로 동진^{東晉}이며, 중국 역사상 가장 혼란한 시기였던 남 북조의 시작이었다. 당시 동진의 귀족들은 산수경치가 좋은 회계^{會稽:} ^{오늘날의 소흥} 지방에 별장을 많이 가지고 있었으며, 따라서 자연스럽게 이런저런 비공식적인 사족^{士族}들 간의 회합이 이곳에서 이루어졌다는 것이 기록으로 나와 있다.

실제 이번 여행에서 직접 확인한 사실은 소흥 지방의 경치가 다른 남부 지방에 비해 매우 뛰어나다는 점이다. 중국의 경우, 양자강 유역 인 남쪽으로 내려가면 평지만 끝없이 펼쳐져 있을 뿐, 산이란 것 자체 가 존재하지 않는다. 상해 푸동공항 부근 홍차오역^{虹橋站}에서 출발하 는 고속철로 여행을 하면서 차창 밖으로 비치는 경치가 지루하다면 지루했는데, 소흥으로 접어들면서 경치가 달라졌다. 바로 이 부근이 산지가 있는 산지 지형으로서, 제법 험준한 회계산^{會稽山}이 있기 때문 이었다. 과거 동진의 귀족들은 황하 북쪽에서 거주하다가 어쩔 수 없 이 남쪽으로 이주했기 때문에, 산지 지형인 회계 지방을 더욱 사랑하 였을 것이 자연스럽게 이해되었다.

이 책에서 다루는 「난정서」가 쓰여진 장소인 난정은 소흥 북부역^{北站}

회계산의 전경. 이곳의 경치만 따로 보니 산이 많은 우리나라와 비슷해 보이지만 실제 중국의 양자강 남부 경치는 전혀 딴판으로 끝없는 평지다.

에서 자동차로 약 30분 정도 걸리는 거리로, 소흥시 남서부에 위치해 있다. 춘추시대 월왕 구천이 난초蘭草를 이곳에 심었다고 하며, 이후 한漢나라 때 '역정'驛亭, 즉 역참驛站을 겸한 정자亭子를 이곳에 세운 이후로 '난정'蘭亭이라 불렀다고 한다.

「난정서」는 뒤에서 자세히 살펴보겠지만, 중국인들은 국보 1호 수준으로 받아들인다. 앞으로 중국의 경제력이 신장되면 될수록 이곳 난정은 더 많이 개발될 것이란 예감이 들었다. 한편, 난정을 사랑하는 한 사람으로서 역사가 숨 쉬는 이곳이 좀더 보존이 잘 되기를 바라는 마음이 크다.

중국인들은 이곳 난정을 왜 이렇게 사랑하는 것일까. 지금으로부터 약 1660여 년 전, 바로 이곳 난정에서 일어난 '일대사건'一大事件인 난정연회蘭亭宴會로 시간여행을 떠나보자.

난정 입구에 세워져 있는 난정연회의 상징. '유상곡수 조각'.

난정 구내에 새로이 건립된 난정서시박물관蘭亭書詩博物館.

왕희지의 난정서^{蘭亭序} : 그 신화^{神話}의 탄생

중국 역사상 수많은 서예 작품 가운데 '최고'로 평가받는 작품은 무엇일까. 바로 '천하제일행서'^{天下第一行書}라 불리는 왕희지^{王羲之}의 「난정서」^{蘭亭序}이다. 그 값어치를 과연 매길 수나 있을까.

일례를 들어보자. 2010년 아시아에서 거래된 예술작품 중 가장 고가^{高價}로 거래된 작품이 북송^{北宋}시대 서예가인 황정견^{黃庭堅}의 「지주명」^{砥柱銘}이란 서예작품인데, 2010년 6월 베이징에서 열린 경매에서 4억 3,680만 위안^{약 769억} 원이란 천문학적인 가격에 거래되었다. 황정견이 중국서예사상 손꼽히는 서예가임은 분명하지만, 서성^{書聖}이라 불리는 왕희지의 작품과 비교하자면 어느 정도의 비중을 둘 수가 있을까. 아마도 비교 자체가 무의미할 것이다. 황정견이 쓴 서예작품 중 최고의 걸작으로 꼽히는 작품이 「송풍각시첩」^{松風閣詩帖}인데, 중국의 '천하십대행서' 중에서는 끄트머리인 아홉 번째의 지위를 차지하고 있다. 하지만, '천하제구행서'^{天下第九行書}인 이 「송풍각시첩」이 거래된다면, 최소한 「지주명」의 몇 배 가격으로 거래가 될 것이다. 더구나 시기적으로도 700년 이상 앞서며, 서예의 최고봉으로 일컬어지는 왕희지의 작품임에야 더 말할 나위가 없다. 그 대단한 서성 왕희지의 작품 중에

▲ 황정견, 「지주명」砥柱銘.

▼ 황정견, 「송풍각시첩」松風閣詩帖 부분. 대만 대북고궁박물원臺北故宮博物院 소장.

서도 '최고'로 일컬어지는 「난정서」는, 중국의 찬란한 역사상 명멸해 간 수많은 서예작품 위에 도저히 다른 작품들이 넘볼 수 없는 최고봉으로 우뚝 군림하고 있는 것이다.

그런데 이 「난정서」는 실체를 알면 알수록 그 실체가 더욱 모호해지는 신기루 같은 존재다. 중국 사람들이 "돈으로는 도저히 그 가격을 매길 수 없다"하여 '무가지보'無價之寶로 부르지만 정작 그 원작原作은 사라져버리고 없고, 베껴 쓴 유명한 임본臨本과 모본摹本만 500여 종이 넘지만 임본들의 글자가 조금씩 달라서 그 진본眞本의 글자가 어떠했는지조차 알 수 없는 작품이라는 것이다. 더욱 기가 막히는 사실은 이 작품을 왕희지가 썼는지 아니면 다른 사람이 썼는지조차 분명치 않은 모순투성이의 작품이 바로 「난정서」이다. 수없이 많은 신화를 만들어 낸 왕희지의 「난정서」. 이 「난정서」는 도대체 무엇인가. 먼저 그 신화의 겉면을 살펴보자.

때는 353년 동진東晉시대로서, 소위 말하는 중국 역사상 최대最大이자 최장最長의 혼란기라 할 수 있는 위진남북조魏晉南北朝시대가 시작할 무렵이다. 시기적으로 보자면, 삼국시대 위魏는 기어코 촉蜀을 멸망시키는데, 그 이후 위의 재상인 사마염司馬炎은 위로부터 왕권을 탈취한 뒤에, 낙양洛陽에 도읍을 정하고 진晉나라를 개국한다. 다시 오吳를 멸망시키고 약 50여 년 동안 천하를 잠시 통일하게 된다. 진은 이후 북방 호족의 남하에 의해 멸망당함으로써 북조北朝인 5호 16국의 시대가 시작되는데, 그때 진의 일족은 과거 남쪽 오나라의 수도였던 건강建康: 오늘날 강소성江蘇省 남경시南京市으로 옮겨가 317년 동진을 건국하게 되니, 이것이 바로 남조南朝의 시작이다. 바로 이곳에 왕희지가 살았다.

왕희지王羲之, 307~365의 자는 일소逸少이다. 우장군을 지냈기에 보통 왕희지, 「난정서」蘭亭序 「신룡본」神龍本, 중국 북경고궁박물원北京故宮博物院 소장.

永和九年歲在癸丑暮春之初會
于會稽山陰之蘭亭脩禊事
也群賢畢至少長咸集此地
有峻領茂林脩竹又有清流激
湍暎帶左右引以為流觴曲水
列坐其次雖無絲竹管弦之
盛一觴一詠亦足以暢敘幽情
是日也天朗氣清惠風和暢仰
觀宇宙之大俯察品類之盛
所以遊目騁懷足以極視聽之
娛信可樂也夫人之相與俯仰

난정서시박물관 안에 '갈 지'之자를 크게 조각해놓은 광경.

당 태종唐太宗의 소릉昭陵. 서안西安의 함양咸陽에 소재하고 있다.

'우군'右軍이라고도 부른다. 그 동진의 다섯 번째 임금 목제穆帝가 즉위한 지 9년째 되던 해인 영화永和 9년353 3월 3일, 왕희지는 현재의 소흥 지역인 당시 회계현會稽縣[1]을 다스리던 회계내사會稽內史이자 우군장군右軍將軍이었다. 왕희지는 자신의 아들 7명을 포함한 사족士族과 명사名士 등 동진을 대표하는 41명의 인물들을 회계현의 난정蘭亭에 초청해 대규모 연회를 열게 된다. 이날의 연회를 난정연회蘭亭宴會 또는 난정집회蘭亭集會라고 부른다. 이러한 연회는 배타적인 동진시대 귀족문화의 특성상 사족들 간의 결속력을 강화하는 역할을 하였으므로 여러 가지 형식으로 자주 열렸다고 할 수 있다. 이날은 삼월 삼짓날이었는데 계사禊事[2] 형식을 빌린 모임이었다. 이날의 모임은, 술잔을 물에 떠내려 보내는 동안 시를 짓지 못하면 벌주罰酒로 술 세 말을 마시는 소위 '유상곡수'流觴曲水의 연회였다. 당시 참석한 사람 중 유명 인사였던 왕희지, 사안謝安, 손작孫綽 등 26명은 시를 지었고, 나머지 15명은 시를 짓지 못해 술을 마셨다. 이날 지은 시들을 모아 철綴을 하고 그 서문序文을 왕희지가 썼으며, 당시 참여한 인사 중 가장 문명文名이 높았던 손작이 그 집회를 마무리하는 후서後序를 쓰게 된다. 이 중 왕희지가 쓴 서문이 바로 그 유명한 「난정서」이다. 「난정서」가 워낙 유명하다보니 그날 난정집회에서 지은 글 중 「난정서」만 기억되고 있는 현실이다. 하지만 실제로는 수십 편의 사언시四言詩 및 오언시五言詩, 그리고 서문과 후서까지 있는 일종의 문집 중 한 부분인 셈이다.

---

1 회계현會稽縣: 지금의 절강성 소흥. '회계'란 지명의 유래는 『사기』史記의 「하본기」夏本紀에 다음과 같이 전한다. "혹은 전하길, 우禹 임금이 강남땅에서 제후들과 만나會, 각자의 공을 계산하다計 돌아가시니, 이후 장례를 치른 후 이곳을 '회계'會稽라 불렀으니, 곧 '회계'會計의 의미다."或言禹會諸侯江南, 計功而崩, 因葬焉, 命曰會稽. 會稽者, 會計也.
2 계사禊事: 물가에서 몸을 씻으며 한 해의 재앙을 떨어버리는 중국 전통풍습.

당唐 현종 때의 문인인 하연지何延之가 기술한 「난정기」蘭亭記 또는 「난정시말기」蘭亭始末記라고도 하는 글을 보면, 당시 왕희지는 거나하게 술이 취한 상태에서 잠견지蠶繭紙[3]에 서수필鼠須筆[4]로 28행 324자를 써서 이 작품을 완성하였다고 한다. 이 글 중 특히 '갈 지'之자가 가장 많아 24자나 있으나 자획의 변화가 있어 한 글자도 같게 쓴 것이 없었으니, 술이 깬 후 수십 번을 다시 써도 이에 미치지 못하여 스스로도 "신神의 도움이 있었다"라고 하며, 매우 소중히 여겼다 한다.[5]

'난정'이란 명칭이 사용되기 시작하는 것은 당대唐代에 들어오면서부터이다. 후손에게 전해져오던 이 작품은 절대 권력자였던 당 태종太宗의 손에 들어가게 된다. 태종은 왕희지의 글씨를 무척 좋아하여, 그의 작품을 모두 모았다. 당 태종은 왕희지의 글씨 중에서도 특히 이 「난정서」를 좋아하여 애지중지하다가 자신이 운명殞命할 때 「난정서」를 자신과 함께 순장殉葬할 것을 명한다. 이에 「난정서」는 당 태종과 함께 소릉昭陵에 묻혀버렸고 이때부터 「난정서」는 이 세상에서 사라져버렸다고 하연지는 기술하고 있다.

---

3 잠견지蠶繭紙: 누에고치 껍질로 만든 종이로서 종이 질이 좋기로 유명하다.
4 서수필鼠須筆: 쥐의 수염을 사용하여 만든 붓.
5 하연지, 「난정시말기」. "修祓禊之禮, 揮毫制序, 興樂而書. 用蠶繭紙, 鼠須筆, 遒媚勁健, 絶代更無. 凡二十八行, 三百二十四字, 有重者皆構別體. 就中 '之'字最多, 乃有二十許個, 變轉悉異, 逐無同者. 其時乃有神助, 及醒後, 他日更書數十百本, 無如祓禊所書之者. 右軍亦自珍愛寶重."

당 태종 이세민: 난정서의 최대 후원자

　중국 대륙을 호령한 황제는 583명이라고 한다.[6] 그중 가장 뛰어난 황제를 한 명만 꼽으라면 바로 당唐 태종太宗 이세민李世民이라 할 수 있다. "한漢 고조高祖 유방劉邦과 위魏 무제武帝 조조曹操의 기량을 한 몸에 갖췄다"고 평가받는 인물 당 태종, 그가 어떠한 인물이었는지 살펴보자.

　이세민은 599년 1월 23일, 수隋나라 대장군大將軍인 아버지 이연李淵과 북쪽 선비족鮮卑族의 귀족 출신인 어머니 사이에서 차남으로 태어났다. 어려서부터 남달라서, 그의 나이 4세 때 어떤 사람이 "이 아이는 커서 반드시 세상을 구하고 백성을 편안케 할 것이다"濟世安民라고 예언한 것에서 따와 그의 이름을 세민世民이라고 지었다. 16세에 장교가 되어 18세부터 아버지를 따라 10년 넘게 전쟁터를 돌아다녔다. 당이 천하를 차지하기까지 7년 동안 크게 여섯 차례의 전쟁을 치렀는데 이세민이 그중 네 차례를 이끌어 모두 승리를 쟁취해냈다. 따라서 당의 건국 과정에서 일등공신은 누가 뭐래도 이세민이었으나, 적장자嫡長子를 세워야 한다는 명분에 밀려 황태자 자리는 맏형인 이건성李建成

6 샹관핑, 차효진 옮김, 『중국사 열전: 황제』, 달과소, 2011.

에게 돌아갔고, 이세민은 진왕秦王에 봉해진다. 엄청난 기량을 지닌 동생이 두려웠던 태자 이건성은 넷째 이원길李元吉을 끌어들여 이세민을 제거하려 했다. 이세민은 오히려 선수를 쳐서 두 형을 죽이고 왕좌에 오르니, 그가 곧 '정관貞觀의 치治'를 연 당 태종이다. 이 중국판 '왕자들의 난'을 일컬어 '현무문의 변'玄武門之變이라 부른다.

형제의 피를 뒤집어쓰며 옥좌에 앉은 당 태종 이세민, 그러나 그를 '중국 역사상 가장 뛰어난 군주'로 평가하는 이유는 비록 과정은 정당하지 못했지만 훌륭한 정치를 펼쳤기 때문이다. 어떻게 그럴 수 있었을까. 그는 우선 교만하지 않았다. 28세라는 한창 나이에 천하의 주인이 되었으니 마음 놓고 권력과 사치에 잠길 만도 했지만, 태종은 반대로 근검절약을 생활화하고 황족과 대신들도 이를 본받도록 했다. 그리고 무엇보다 태종은, 애써 천하를 통일했으나 2대 만에 멸망한 수나라의 예를 거울삼았다. 집권 과정에서 흘린 형제의 피를 잊을 수 있게 진정한 제왕의 정치와 백성을 위한 정치를 하려는 의지가 강했다. 그는 철이 들 무렵부터 전쟁터를 뛰어다니며 무인의 삶을 살았으나 태자로 책봉되고부터는 당대當代의 학자들에게 가르침을 받으며 책에 묻혀 실았다. "천하는 한 사람을 위한 것이 아니며, 만인의 것이다"라는 말을 입버릇처럼 하며, 백성의 어려움을 덜어주는 것을 정치의 근본 목표로 삼았다. 황제가 된 뒤에도 자신이 혹시 잘못하는 것이 있으면 가차 없이 지적하도록 간언諫言을 장려하기까지 했다.

당 태종은 혼혈 출신이어서 다른 민족의 종교, 문화에도 매우 관대했으며 당의 수도 장안長安이 진정한 코스모폴리스Cosmopolis가 되는 계기를 마련했다. 제도 정비와 문화 창달에도 힘써서 고대 신화적인 이상정치 시대인 삼대三代: 하夏, 은殷, 주周 다음가는 최고의 태평성대라 불리는 '정관의 치'를 열었고, 점차 문화를 사랑하는 인문주의자로 변

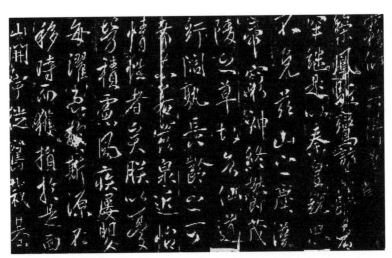

당 태종이 쓴 「온천명」溫泉銘. 그가 여산驪山 온천에 들른 것을 행서체로 기록한 글로, 그가 죽기 1년 전인 정관 22년 즉 648년에 비석으로 세워졌다. 이후 이 비석은 사라졌다가 1900년 돈황敦煌 석굴에서 발견되어, 현재 프랑스 루브르 박물관에 소장되어 있다.

모하게 된다. 특히 서예를 좋아하게 되는데, 그중에서도 약 300년 전 인물인 왕희지와 그의 일곱 번째 아들인 왕헌지王獻之, 즉 이왕二王의 글씨를 매우 아꼈다.

서예에 대해 대단한 정열이 있던 그는 「온천명」溫泉銘, 「진사명」晉祠銘 등의 각석刻石 작품을 남기기도 했다. 『삼국사기』三國史記에 따르면 신라 진덕여왕 2년648년 김춘추金春秋 부자가 당나라에 사신으로 갔다가 태종이 직접 쓴 이 「온천명」과 「진사명」의 탁본을 선물로 받고 돌아왔다고 기록되어 있다.[7]

당 태종은 남조南朝의 잦은 왕조 변혁과 전쟁 속에서 하나씩 사라져간 서예작품을 모으기로 하고, 정관 6년632 정월 8일에는 전대前代부터 전해내려오던 위나라의 종요鍾繇와 동진의 왕희지 등의 서예작품 진적眞蹟 정리를 명하여 1,510권의 거책巨冊을 출판시킨다. 당 태종 자신도 이때 발간한 서첩을 토대로 왕희지의 글씨를 수없이 임서臨書하며 공부하다가 급기야 정관 13년639에는 칙명을 내려 천하에 흩어져 있는 왕희지가 남긴 글씨들을 찾아 올리도록 명령하게 된다. 그 결과 왕희지의 자손에게서 봉정된 40지紙를 비롯하여 1,290지紙 13질帙 128권卷이 새로이 황실의 소유가 되게 된다. 당 태종이 이런 노력을 했는데도 「난정서」를 얻을 수는 없었다.

이후에 어떤 경로로 당 태종이 「난정서」를 얻게 되었는지에 대해서는 여러 가지 설이 있다. 당나라 때 자료로는 하연지何延之가 쓴 「난정시말기」蘭亭始末記란 글과 유속劉餗이 지은 『수당가화』隋唐嘉話에 그 사연이 나온다. 이 두 가지 자료 중 『수당가화』에 나오는 내용은 매우 간

---

7 『삼국사기』三國史記, 「신라본기」新羅本紀 제4권. "太宗仍賜御製溫湯及晉祠碑幷新撰
晉書."

략하다. 반면에 「난정시말기」에는 내용이 상세하게 나오는 관계로, 예로부터 이 「난정시말기」에 쓰인 내용이 사람들에게 널리 알려졌다. 따라서 후대에는 이 글의 내용을 인용하기도 하고, 글 내용을 그림으로 그리기도 하였다.

당 태종의 난정서 절취사건: '소익렴난정'蕭翼賺蘭亭

하연지何延之의 「난정시말기」蘭亭始末記에는 당 태종이 어떻게 「난정서」蘭亭序를 손에 넣게 되었는지에 대한 내용이 나온다.

    1.

    「난정서」는 동진東晉의 우장군右將軍이자 회계내사會稽內史인 낭야琅琊 왕씨王氏의 왕희지王羲之: 자는 일소逸少가 쓴 시집詩集의 서문序文이다. 우군右軍: 왕희지[8]은 명문혈통을 이어받아蟬聯美胄 성격이 깔끔하고蕭散 어질기로 이름났으며 산수山水를 좋아하였고, 초서草書와 예서隷書에도 능했다. 동진東晉의 목제穆帝 때인 영화永和 9년 늦봄인 3월 3일, 산음山陰으로 유람을 가니 태원太原의 손통孫統·손작孫綽 형제, 진군陳郡의 사안謝安 등 인사들과 우군의 아들인 응지凝之·휘지徽之·조지操之 등 41명이 참여하여 불계祓禊[9]의 의식을 행하였다.

8 우장군을 지냈으므로 보통 '우군'右軍이라 칭한다.
9 불계祓禊: 음력 3월 3일 동쪽으로 흐르는 물에 부정과 묵은 때를 씻어 몸을 정결히 하는 의식.

우군이 흥이 나서 붓을 들어 서문을 쓰니 잠견지蠶繭紙에 서수필鼠須筆로 쓴 글자는 눈썹처럼 아름다우면서도 굳건하니 절대 다시 없을 글씨였다. 28행에 총 324자로 쓰인 글씨는 중복된 글자마다 다른 서체로 쓰여졌으니, 그중 '지'之자가 20여 번이나 나와 가장 많이 쓰였는데 한 글자도 같은 것이 없었다. 필시 신神의 도움이 있었음인지 술이 깨고 난 뒤 다른 날 수십 번을 써봐도 불계 때 쓴 것에 미치지 못하였다.

「蘭亭」者, 晉右將軍, 會稽內史, 琅琊王羲之字逸少所書之詩序也. 右軍蟬聯美冑, 蕭散名賢, 雅好山水, 尤善草隸. 以晉穆帝永和九年暮春三月三日, 宦遊山陰, 與太原孫統承公, 孫綽興公, 廣漢王彬之道生, 陳郡謝安安石, 高平郗曇重熙, 太原王蘊叔仁, 釋支遁道林, 並逸少子凝, 徽, 操之等四十有一人, 修祓禊之禮, 揮毫制序, 興樂而書. 用蠶繭紙, 鼠須筆, 遒媚勁健, 絕代更無. 凡二十八行, 三百二十四字, 有重者皆構別體. 就中 '之'字最多, 乃有二十許個, 變轉悉異, 遂無同者. 其時乃有神助, 及醒後, 他日更書數十百本, 無如祓禊所書之者.

2.
이런 연유로 우군도 「난정서」를 몹시 아끼며 귀히 여겼다. 이후 자손들에게 전해졌는데…… 7대손인 지영智永에게까지 이르렀다. 그는 우군의 다섯 번째 아들인 왕휘지王徽之의 후손이다. 지영은 비록 불교에 귀의했지만 왕씨 가문에서 대대로 내려오는 서예를 계승하였다. 영흔사永欣寺에 기거하면서 서예에 힘쓰니 붓이 닳으면 한 석石이 들어가는 큰 대나무 상자에 넣었다. 30년간 다 쓴 붓으로 이 큰 대나무 상자 다섯 개를 가득 채웠다고 한다. …… 지영선사가 나이 100세에 가까워 임종하니 그때 「난정서」를 제자인 변재辯才에게 전했다. 변재는 속가의 성姓이 '원袁씨'로 양梁나라 사공앙司空昂의 현손玄孫이다. 변재는 박학博學하여 글도 잘 지었고, 금琴, 기棋:바둑, 서書:서예, 화畵에 모두 정통하였으며 스승인 지영의 글씨를 임서臨書하면 어느 것이 진본眞本인지 알기 힘들 정도였다. 변재는 자신의 침방위 대들보에 구멍을 뚫어 거기에 「난정서」를 보관하였는데, 그것을 소중히 여기는 태도는 과거 지영선사보다 오히려 더하였다.

右軍亦自珍愛寶重. 此書留付子孫傳掌, 至七代孫智永, 永即右軍第五子徽之之後. ……禪師克嗣良裘, 精勤此藝, 常居永欣寺閣上臨書, 所退筆頭, 置之於大竹簏, 簏受一石餘, 而五簏皆滿, 凡三十年. ……禪師年近百歲乃終, 其遺書並付弟子辯才. 辯才俗姓袁氏, 梁司空昂之玄孫. 辯才博學工文, 琴棋書畵, 皆得其妙. 每臨禪師之書, 逼真亂本. 辯才嘗於所寢方丈梁上鑿其暗檻, 以貯「蘭亭」, 保惜貴重, 甚於禪師在日.

3.

당 태종 때에 이르러 태종은 여가시간에 서예에 매우 열정적으로 매달렸다. 특히 우군의 예서隸書:진서眞書와 초서草書 글씨를 임서하길 좋아하여 우군의 글씨를 모두 사 모았지만 「난정서」는 얻을 수 없었다. 이 글씨를 찾던 중 변재에게 있다는 것을 알고는 칙서勅書를 내려, 그를 황궁 내의 절인 내도량內道場으로 불러 넉넉한 공양供養을 베풀었다. 며칠 후 말을 나누던 중 화제가 「난정서」에 이르자, 아낌없이 돈을 써서 그를 회유하려 함이 그칠 줄 몰랐다. 그러나 변재선사는 "과거 선사先師를 모실 때 「난정서」를 본 적이 있습니다만 선사께서 입적入寂하시고 난 후, 계속되는 난리 통에 잃어버려 현재는 행방을 알지 못합니다"라고 확실하게 밝혔다. 어쩔 수 없어 그를 돌려보내고 난 뒤 다시 알아보니 「난정서」가 변재의 거처에 그냥 있다는 것을 알고서는 다시 그를 불러 「난정서」에 대해 묻는 것을 반복하길 세 차례나 하였으나 아무것도 알아낼 수 없었다.

至貞觀中, 太宗以德政之暇, 銳志玩書, 臨寫右軍真, 草書帖, 購募備盡, 唯未得「蘭亭」. 尋討此書, 知在辯才之所, 乃降敕追師入內道場供養, 恩賚優洽. 數日後, 因言次乃問及「蘭亭」, 方便善誘, 無所不至. 辯才確稱, "往日侍奉先師, 實嘗獲見. 自禪師歿後, 薦經喪亂墜失, 不知所在". 既而不獲, 遂放歸越中. 後更推究, 不離辯才之處. 又敕追辯才入內, 重問「蘭亭」. 如此者三度, 竟靳固不出.

4.

태종이 좌우 신하에게 "우군의 글씨는 내가 특히 아끼는 바인데, 다른 것들은 다 모았으나 오직 「난정서」만을 얻지 못했다. 「난정서」를 보고 싶어 밤에 잠을 잘 이루지 못할 지경인데, 그 글을 가지고 있는 승려는 나이가 많이 들어 더 이상 소용도 없을 터, 지략이 뛰어난 사람을 시켜 속여서라도 구하도록 하라"고 말했다. 그러자 상서성尚書省의 우복야右僕射인 방현령房玄齡이 "신臣이 듣기로 감찰어사監察禦史 소익蕭翼[10]이 재주가 많아 능히 일을 감당할 수 있을 듯합니다"라고 소익을 추천하였다. 태종이 소익을 부르자 그는 "공적公的인 지위로 간다면 일을 이룰 수 없으니, 사적으로 가길 청하오

10 『문선』文選을 편찬한 소통蕭統의 후손이다.

며 이왕二王[11]의 글씨를 몇 첩 가져가길 원합니다"라고 아뢨다. 태종이 이를 허락하자, 미복微服으로 갈아입고 월주越州로 가서, 산동山東의 서생차림으로 해질 무렵 산사山寺에 들어가 회랑의 벽화를 구경하다가 변재선사의 문 앞에 이르렀다.

上謂侍臣曰: "右軍之書, 朕所偏寶. 就中逸少之跡, 莫如「蘭亭」. 求見此書, 勞於寤寐. 此僧耆年, 又無所用, 若爲得一智略之士, 以設謀計取之." 尙書右仆射房玄齡奏曰: "臣聞監察禦史蕭翼者, 梁元帝之曾孫. 今貫魏州莘縣, 負才藝, 多權謀, 可充此使, 必當見獲." 太宗遂詔見翼, 翼奏曰: "若作公使, 義無得理, 臣請私行詣彼, 須得二王雜帖三數通." 太宗依給, 翼遂改冠微服, 至湘潭, 隨商人船下, 至於越州. 又衣黃衫, 極寬長潦倒, 得山東書生之體, 日暮入寺, 巡廊以觀壁畫, 過辯才院, 止於門前.

5.

변재가 소익을 보고 "어디서 오신 시주施主: 檀越시오?"라고 묻자, "제자弟子는 북쪽사람이온데, 누에를 좀 팔려고 왔다가 절 구경을 하던 중 선사를 뵙게 되었습니다"라고 대답하였다. 이렇게 서로 인사를 나눈 후, 방으로 들어가 바둑, 거문고, 투호投壺[12] 및 악삭握槊[13] 등을 하고 문학과 역사 등에 대해 얘기를 나누니 몹시 친해졌다. ……머문 지 열흘 정도 되었을 때, 소익이 양梁 원제元帝가 그린

---

11 이왕二王: 왕희지와 왕헌지.
12 투호投壺: 병이나 항아리에 화살을 던져 넣던 놀이.
13 악삭握槊: 주사위 놀이.

염립본閻立本, 「태종보련도」太宗步輦圖 속 당 태종의 모습. 중국 북경고궁박물원 소장.

「직공도」職貢圖를 보여주자 선사의 찬탄이 끊이지 않았다. 얘기는 곧 서예로 옮겨갔는데, 소익이 "저의 가문에 이왕의 글씨가 전해져 오는데, 제가 몇 첩을 요행히 가지고 왔습니다"라고 말하자, 변재가 크게 기뻐하며 며칠 안에 볼 수 있겠느냐고 하였다. 며칠 뒤 그 글씨들을 보여주자 변재가 "이왕의 글씨임에는 틀림없으나, 뛰어나다고는 할 수 없소이다. 빈도貧道도 하나 소장하고 있는데 특별히 뛰어나다오"라고 말했다. 소익이 "무슨 글입니까?"라고 묻자, "「난정서」요"라고 대답하였다. 소익이 웃으며 "수차례 난리를 겪었는데 「난정서」의 진본眞本이 남아 있을 리 있겠습니까? 필시 위작僞作이겠지요" 하였다. 변재는, "「난정서」는 선사께서 친히 임종 시 나에게 전해주신 것이오. 선사의 가문에서 대대로 전해져온 것인데 어찌 잘못이 있을 수 있겠소. 내일 와서 직접 눈으로 확인해 보시지요"라고 대답하였다. 다음 날 소익이 도착하자 변재가 직접 대들보에서 꺼내서 보여주니, 소익이 요모조모 뜯어보고 난 뒤 "이것은 진본眞本이 아니고 베낀 것響拓: 모사摹寫입니다"라고 말하자, 변재가 아니라고 하는 등 분쟁이 계속되었다.

辯才遙見翼, 乃問曰: "何處檀越?" 翼乃就前禮拜云: "弟子是北人, 將少許蠶種來賣. 歷寺縱觀, 幸遇禪師." 寒溫既畢, 語議便合. 因延入房內, 即共圍棋, 撫琴, 投壺, 握槊, 談說文史, 意甚相得. ……詩酒爲務, 其俗混然, 遂經旬朔. 翼示師梁元帝自畫「職貢圖」, 師嗟賞不已. 因談論翰墨, 翼曰: "弟子先門皆傳二王楷書法, 弟子又幼來耽玩, 今亦有數帖自隨." 辯才欣然曰: "明日來, 可把此看." 翼依期而往, 出其書, 以示辯才. 辯才熟詳之曰: "是即是矣, 然未佳善. 貧道有一真跡, 頗亦殊常." 翼曰: "何帖?" 辯才曰: "「蘭亭」." 翼佯笑曰: "數經亂離,

真跡豈在? 必是響拓僞作耳."辯才曰:"禪師在日保惜, 臨亡之時, 親付於吾. 付受有緒, 那得參差? 可明日來看." 及翼到, 師自於屋梁上檻內出之. 翼見訖, 故駁瑕指類曰:"果是響拓書也."紛競不定.

6.

　변재는「난정서」를 소익에게 보여준 뒤로는, 다시 대들보에 숨기지 않고 소익의 이왕 글씨와 비교하면서 보다가 책상에 그냥 넣어두었다. 변재의 나이 80여 세임에도 매일같이 글씨를 연습하니, 나이가 들었음에도 서예를 사랑하는 마음이 한결같았다. 한편 소익이 이처럼 수차례 왕래를 하다 보니, 절의 다른 사람들도 그를 의심하지 않았다. 어느 날 변재가 영사교靈汜橋 남쪽 엄천가嚴遷家에 제齋를 드리러 출타한 중에 소익이 절에 가서 "내가 깜박하고 선사의 책상에 백서帛書를 두고 왔소"라고 말하니, 동자童子가 문을 열어주었다. 소익은 마침내「난정서」및 자신이 가지고 온 이왕의 글씨를 손에 넣을 수 있었다. 소익은 그길로 영안역永安驛으로 달려가, 역장인 능소凌愬에게 말하길 "내가 어사禦使로 칙명을 받아 여기에 왔노라. 황제의 친필조서墨敕가 있으니 그대의 도독인 제선행齊先行에게 보고하도록 하라"고 하였다. ……선행이 사람을 보내 변재를 데려오니 소익이 말하길 "황제의 칙명勅命을 받아「난정서」를 취하러 왔다가 이제 취하였으니, 선사께 이별을 고하겠소"라고 하였다. 변재는 충격으로 그 자리에 쓰러져 한참 후에나 깨어났다. 소익이 태종에게「난정서」를 바치자 태종이 크게 기뻐하여, 소익을 추천한 방현령에게 금채錦綵 1,000단段을 하사하였다. 소익에게는 원외랑員外郎 오품五品 벼슬과 수많은 하사품과 장원 및 저택을 내렸다. 태종은 처음에는 변재에게 크게 노하였으나, 80세를 넘긴 고령임을 고려하여 죄를 묻지 않았다. 며칠 뒤 그에게 비단 3,000단과 쌀 3,000석을 내리라고 월주자사越州刺史에게 명하였다. 변재는 감히 그것을 쓸 수 없어 3층 보탑寶塔의 건립비로 돌리니, 오늘날까지 탑이 전해져온다. 변재는 이후 식음을 전폐하다 1년여 만에 세상을 떠났다.

自示翼之後, 更不復安於梁檻上, 弄蕭翼二王諸帖, 並借留置於幾案之間. 辯才時年八十餘, 每日於窓下臨學數遍, 其老而篤好也如此. 自是翼往還旣數, 童弟等無複猜疑. 後辯才出赴靈汜橋南嚴遷家齋, 翼遂私來房前, 謂弟子曰:"翼遺卻帛子在床上."童子卽爲開門, 翼遂於案上取得「蘭亭」及禦府二王書帖, 便赴永安驛, 告驛長淩愬曰:"我是禦史, 奉敕來此, 有墨敕, 可報汝都督齊善行."……善行走使人召辯才, ……蕭翼報云:"奉敕遣來取「蘭亭」,「蘭亭」今得矣, 故喚師來取別."辯才聞語, 身便絶倒, 良久始蘇. 翼便馳驛而發, 至都奏禦, 太宗大悅, 以玄齡舉得其人, 賞錦彩千段, 擢拜翼爲員外郞, 加入五品, 賜銀瓶一, 金鏤瓶一, 瑪瑙碗一, 並實以珠; 內廐良馬兩疋, 兼寶裝鞍轡; 莊宅各一區. 太宗初怒老僧之秘悋, 俄以其年耄, 不忍加刑, 數日後, 仍賜物三千段, 穀三千石, 便敕越州支給. 辯才不敢將入己用, 回造三層寶塔, 塔甚精麗, 至今猶存. 老僧用驚悸患重, 不能強飯, 唯啜粥, 歲餘乃卒.

7.

태종은 이후 조모趙模, 한도정韓道政, 풍승소馮承素, 제갈정諸葛貞 등 탁서인拓書人[14] 네 명에게 여러 본을 베껴 쓰게 한 후, 황태자와 근

14 탁서인拓書人: 글씨를 베껴 쓰는 사람.

거연, 「소익렴난정도」,蕭翼賺蘭亭圖, 중국 요령성박물관 소장.

신들에게 나누어주었다. 정관貞觀 23년, 그는 운명殞命이 가까워지자, 태자를 옥화궁玉華宮 함풍전含風殿에 불러 "내가 너에게 물건 하나를 구하려 하노니, 효심이 지극한 네가 어길 리 있겠느냐?" 하니, 태자가 눈물을 흘리며 명을 받들매, 태종은 "내가 원하는 것은 「난정서」이니, 나와 함께 묻어라"라는 명을 남기고 붕崩하였다. 태종은 제국帝國에 더 이상 무력으로 평정할 곳을 남기지 않았으니弓劍不遺, 천하의 제후가 사신을 보내 조문하려 모두 마차를 나란히 하여 이른 가운데同軌畢至, 선가仙駕[15]를 따라 현궁玄宮[16]에 들었다. 오늘날 조모가 베낀 「난정서」의 탁본拓本도 수만 전數萬錢을 주어야 구할 수 있으니, 본래 인간 세상에 귀한 것은 그 값이 비싸서 구경하기 힘든 것이라. 내하연지가 일찍이 좌천우左千牛 벼슬을 할 때, 수시로 명牒에 따라 월越나라 땅을 여행하고 바다를 항해하며 회계산會稽山을 올라 우禹임금이 서책을 보관해 두었다는 우혈禹穴을 찾곤 하였다. ……당시 변재의 제자로 현소玄素라는 자가 있었는데, 속가의 성이 양楊씨로 화음華陰 출신인데 한나라 태위太尉의 후손이었다. 육대조 때 환현桓玄의 화를 입어 강동江東으로 도망쳐 숨어 있다가 산음현山陰縣으로 옮겨와 대대로 살게 되었는데 내 외가쪽 친척뻘로서 현 시어사侍禦使 창장昶璋의 일가이다. 장안長安 2년 현소玄素선사의 나이 92세에 이르렀지만, 보고 듣는 게 쇠약해지지 않아 영흔사永欣寺의 과거 지영智永선사가 쓰던 방에 기거할 때, 친히 나에게 이 얘기를 들려주었다. 내가 저녁 밥상을 물리는 여가시간에 들은 바 이 일의 시말始末을 간략히 기술하노라.

15 선가仙駕: 임금이나 신선이 타는 수레.
16 현궁玄宮: 황제의 관棺.

帝命供奉拓書人趙模, 韓道政, 馮承素, 諸葛貞等四人, 各拓數本,
以賜皇太子, 諸王近臣. 貞觀二十三年, 聖躬不豫, 幸玉華宮含風殿,
臨崩, 謂高宗曰:"吾欲從汝求一物, 汝誠孝也, 豈能違吾心耶? 汝意
如何?"高宗哽咽流涕, 引耳而聽受制命. 太宗曰:"吾所欲得,「蘭亭」,
可與我將去."及弓劍不遺, 同軌畢至, 隨仙駕入玄宮矣. 今趙模等所
拓, 在者, 一本尙直錢數萬也. 人間本亦稀少, 代之珍寶, 難可再見.
吾嘗爲左千牛, 時隨牒適越, 航巨海, 登會稽, 探禹穴, 訪奇書. ⋯⋯
其辯才弟子玄素, 俗姓楊氏, 華陰人也, 漢太尉之後. 六代祖佺期爲桓
玄所害, 子孫避難, 潛竄江東, 後遂編貫山陰, 即吾之外氏近屬, 今殿
中侍禦史場之族. 長安二年, 素師已年九十二, 視聽不衰, 猶居永欣寺
永禪師之故房, 親向吾說. 聊以退食之暇, 略疏其始末.

이상이 하연지의 「난정기」蘭亭記, 또는 「난정시말기」라 불리는 글에
나타난 「난정서」의 행방이다. 이 글에서 따서, '소익렴난정'蕭翼賺蘭亭
즉 '소익蕭翼이 「난정」을 속여서 취하다'라는 글귀가 하나의 고사성어
처럼 되어 수많은 문헌에 등장한다. 이 유명한 고사에 기초한 그림도
있으니, 중국 오대五代시기의 승려 거연巨然: 907~960이 그린 「소익렴난
정도」蕭翼賺蘭亭圖가 그것이다.

그러나 이 글은 매우 소설 같은 이야기다. 송나라 때 상세창秦世昌의
『난정고』蘭亭考란 글에는 "태종이 진왕秦王시절인 무덕武德 4년, 구양순
歐陽詢을 변재에게 보내 이미 「난정서」를 손에 넣었다"[17]라고 하였다.
우리나라의 추사秋史도 「계첩고」契帖攷란 글에서 「난정서」에 관한 얘
기는 가장 고증考證하기 어려우니, 소익렴난정이 천고에 바꿀 수 없는

17 "乃遣問辯才 使歐陽詢就越州求得之以武德四年入秦府."

설說로 전해지지만, 태종太宗이 진왕秦王시절 이미 진본眞本을 입수하였다는 증거가 있다"[18]며 상세창의 편을 들고 있다. 생각해보면 천하의 제왕이 속임수까지 써서 취한다는 것은 좀 무리가 있는 이야기다. 어찌되었거나 태종이 어렵사리 「난정서」를 손에 넣고 애지중지한 것만은 확실해 보인다.

수도 없이 많은 중국의 서예작품 중 왜 「난정서」가 당당히 '천하제일행서'天下第一行書란 타이틀을 차지하였을까. 그것은 마치 전 세계의 수도 없이 많은 종교 중 왜 기독교가 서양을 대표하는 종교가 되어버렸느냐는 질문과 비슷하다. 당시 서양의 절대 권력이었던 로마가 기독교를 국교로 채택한 것이 그 이유이듯, 동양에서는 절대 권력이었던 당 태종이 바로 이 「난정서」를 가장 애지중지하였기 때문이다. 그런 의미에서 당 태종은 이 「난정서」, 나아가서는 왕희지라는 서예가의 가장 큰 후원자였던 셈이다.

---

18 "蘭亭最難考 蕭翼賺蘭亭是千古不易之說 然太宗在秦邸時 已有得其眞本之一証."

석숭의 금곡시서金谷詩序: 난정서의 모델

"하늘 아래 새것이 없다"란 말이 있다. 난정蘭亭의 모임이 워낙 유명해지다보니, '난정'이란 단어 자체가 산수자연에 유람 나가 시詩를 짓고 노는 모임을 일컫는 '아회'雅會: 집회集會 또는 승집勝集이라고도 함의 대명사처럼 되어버렸다. 하지만 난정의 모임이 있을 당시로 보면, 약 50년 정도 앞서는 서진西晉시대 최대 부호였던 석숭石崇이란 사람이 개최한 '금곡연회'金谷宴會가 가장 유명한 '아회'였다.

석숭이란 인물은 누구인가. 수천 년 중국 역사에서도 제일가는 부자로 거론되는 인물이 바로 석숭이다. 그가 얼마나 부자였던지 당시 진晉나라에서 그에 못지않은 부를 쌓았던 왕개王愷란 인물과 서로 사치를 다투었던 기록이 전한다. 『세설신어』世說新語 「태치」汰侈 편과 『태평어람』太平御覽 「석숭」 편에 다음과 같이 나와 있다.

진나라 석숭과 왕개가 서로 부를 다투었는데, 가마를 꾸미는 깃에서부터 옷차림까지 그 화려함이 극에 달했다. 당시 황제였던 진무제晉武帝는 왕개의 생질甥이어서 항상 왕개를 도왔다. 어느 날 무제가 길이 2척에 달하는 산호수珊瑚樹를 왕개에게 하사하였는데, 작

화암,「금곡원도」, 중국 상해박물관 소장.

은 가지와 큰 가지가 무성하니 그 귀함이 세상에 비할 것이 없었다. 왕개가 자랑스레 이것을 석숭에게 보여주니, 석숭이 흘낏 보고 난 뒤에 쇠지팡이로 마음대로 내려치고 손에 잡히는 대로 부숴버렸다. 왕개가 어이가 없고 아까우면서도, 자기의 보물을 시기한다고 여겨 말소리와 얼굴빛이 매우 사나워졌다. 그러자 석숭이 "너무 한스러워하지 마시오. 내 지금 당장 돌려드리리다" 하고는 사람을 시켜 자신의 집에서 산호수를 가지고 오게 하였다. 길이가 3~4척에 달하는 것이 6~7개나 되고 왕개의 것과 같은 것은 매우 많으니, 왕개가 망연자실하였다.

石崇與王愷爭豪, 並窮綺麗以飾輿服. 武帝, 愷之甥也, 每助愷. 嘗以一珊瑚樹高二尺許賜愷, 枝柯扶疏, 世罕其比. 愷以示崇. 崇視訖, 以鐵如意擊之, 應手而碎. 愷旣惋惜, 又以爲疾己之寶, 聲色甚厲. 崇曰: "不足恨, 今還卿." 乃命左右悉取珊瑚樹, 有三尺, 四尺條幹絶世, 光彩溢目者六它枚, 如愷許比甚衆. 愷惘然自失.

이 내용이 실려 있는 『세설신어』는 남조南朝 송宋나라의 유의경劉義慶: 403~444이 편찬한 책이다. 이 책은 후한後漢 말에서 동진東晉 말까지 약 200년 동안 실존했던 제왕과 고관 귀족을 비롯하여 문인·학자·현자·승려·부녀자 등 700여 명에 달하는 인물들의 독특한 언행과 일화 1,130개를 「덕행」德行 편부터 「구극」仇隙 편까지 36편에 주제별로 수록해놓은 이야기 모음집이다. 말과 행동만을 모았다는 점에서 매우 독특한데 내용이 상당히 방대하여 당시의 문학·예술·정치·학술·사상·역사·사회상·인생관 등 인간 생활의 전반적인 면모를 담고 있다. 중국 위진남북조시대의 문화를 총체적으로 이해하는 데 매우 중요한 서적이다.

이렇게 유명했던 석숭이 마음먹고 잔치를 하였다면 그것은 얼마나 요란했겠는가. 석숭이 왕후王詡란 사람을 송별하기 위해 자신의 별장이 있는 금곡金谷에서 아예 작정을 하고 연회를 마련한다. 그러고는 그때 당시 가장 명성이 높았던 육기陸機, 반악潘岳, 좌사左思 등 소위 '이십사우'二十四友를 포함한 각계각층의 유명 인사들을 모두 연회에 초청하였다. 참석한 사람들에게 각자 시를 짓게 한 뒤, 시를 짓지 못한 사람에게는 벌주罰酒로 술을 세 말이나 마시게 하였다. 이렇게 며칠 동안 연회를 즐기고 난 뒤 지은 시를 모아 자신이 그 서문을 썼는데 이 글이 바로 「금곡시서」金谷詩序다. 이 연회가 얼마나 유명했던지, 이후 당·송을 거치면서 이 '금곡'의 연회를 주제로 한 무수한 글들이 쏟아져나온다. 동진시대로 접어들면서 당시 최고의 귀족가문을 이끌며 천하에 부러울 것이 없었던 왕희지로서는 50년 전에 고인이 된 석숭의 명성을 익히 듣고 이 '금곡연회'에 도전해보고 싶은 마음이 생겼을 법도 하다. 동진시대 귀족들의 생활상을 기록한 『세설신어』「기선」企羨 편에 다음과 같은 글이 나온다.

왕희지는 「금곡시서」를 모방하여 「난정집서」蘭亭集序를 지으니, 이로써 자신이 석숭과 대등하다 여겨, 심히 기뻐하였다.

王右軍得人, 以「蘭亭集序」方「金谷詩序」, 又以己敵石崇, 甚有欣色.

『진서』晉書「왕희지전」王羲之傳에도 다음의 글이 나온다.

또 반악潘岳의 「금곡시서」를 모방하여 「난정서」蘭亭序를 지으니, 자신을 석숭과 비교하는 말을 들을라치면 희색이 만면하였다.

或以潘岳「金谷詩序」方其文, 羲之比于石崇, 聞而甚喜.

따라서 난정의 모임 자체가 곧 '금곡'의 연회를 염두에 두고 모인 모임이었다. 그러니 이 모임에서 쓴 「난정서」 내용 곳곳에 이 '금곡연회'를 염두에 둔 언급이 나오지 않을 수 없다. 사정이 이러하니 「금곡시서」를 이해하지 않고는 「난정서」를 제대로 이해할 수 없음은 당연한 일이다. 따라서 「난정서」를 좀더 깊이 이해하기 위해, 「금곡시서」를 먼저 살펴보도록 하자. 이 「금곡시서」는 『세설신어』 중 「품조」^{品藻} 편의 『전소』^{箋疏: 주석}에 실려 전해온다.

내가 원강^{元康} 6년306에 태복경^{太僕卿}을 쫓아 출사하여 사지절^{使持節}이 되어, 청주^{靑州}와 서주^{徐州}의 모든 군사 일을 살펴보는 정로^{征虜}장군이 되었다. 마침 내가 하남현^{河南縣} 금곡^{金谷}의 골짜기 사이에 별장이 있는데, 어떤 곳은 높고 어떤 곳은 낮으며 맑은 숲, 무성한 나무, 온갖 과실나무, 대나무, 잣나무, 약초 따위가 갖추어지지 않은 것이 없고, 또 물레방아와 연못과 토굴 등이 있어, 눈을 즐겁게 하고 마음을 기쁘게 하는 물건들이 모두 갖추어져 있음이라. 때마침 정서대장군^{征西大將軍}이자 국자제주^{國子祭酒}인 왕후^{王詡}께서 장안^{長安}으로 돌아가게 되어 나와 여러 손님이 함께 별장으로 가서 전송하여 밤낮으로 여러 자리를 옮겨가며 연회를 베풀어가며 놀았다. 어떤 이는 높이 올라가 아래를 바라보고, 어떤 이는 물가에 차례로 앉아 놀았도다. 그때 비파와 거문고, 생황과 축을 수레에 함께 싣고, 길을 가면서도 함께 연주하고 머물면서도 북과 피리를 번갈아 연주하게 하였다. 마침내 각기 부^賦와 시^詩를 가지고 마음속의 회포를 서술하게 하였는데, 짓지 못한 이들은 벌주로 술 세 말을 마셨도다. 타고난 운명이 영원치 못하

금곡원金谷園의 옛 자리에 복원해놓은 정원 환수산장環秀山莊. 현재 중국 소주蘇州의 자수박물관刺繡博物館 내에 있다.

며, 시들고 떨어짐의 기한 없음이 두려운 고로, 순서대로 지금 사람들의 관호와 성명과 연기^{年紀}를 적고 시를 지어 뒤에 붙였다. 후세의 호사가^{好事家}들은 읽어볼지어다. 참석한 자들은 모두 30명인데, 오왕사의랑^{吳王師議郎}이자 관중후^{關中侯}인 시평공^{始平公} 소소^{蘇紹}가 나이 오십으로 가장 으뜸이었다.

余以元康六年, 從太僕卿, 出爲使持節, 監靑徐諸軍事, 征虜將軍. 有別廬, 在河南縣界金谷澗中, 或高或下, 有淸泉茂林衆果, 竹栢藥草之屬莫不畢備, 又有水碓魚池土窟, 其爲娛目歡心之物備矣, 時征西大將軍祭酒王詡, 當還長安, 余與衆賢共送往澗中, 晝夜遊宴屢遷其坐或登高臨下或列坐水濱. 時琴瑟笙筑, 合載車中, 道路並作及住令與鼓吹遞奏. 遂各賦詩以叙中懷, 或不能者罰酒三斗. 感性命之不永懼凋落之無期, 故具列時人官號姓名年紀. 又爲詩著後後之好事者其覽之哉凡三十人, 吳王師議郎關中侯始平武功蘇紹字世嗣年五十爲首.

금곡연회 이후 모임에서 시를 짓고, 모임을 주최한 주인이 서문^{序文}을 쓰며 시를 짓지 못한 사람은 '벌주 세 말'^{罰酒三斗}을 마시는 것이 하나의 전통처럼 되어버렸다. 이후의 연회들은 모두 이 같은 예를 따르게 된다. 난정연회^{蘭亭宴會}에서도 이 벌주규정을 적용한 것은 물론이요, 이후 당나라 때도 이 같은 전통이 이어진다. 이백^{李白}의 「춘야연도리원서」^{春夜宴桃李園序} 즉 「봄밤 도리원에서의 연회 서문」의 마지막 문장인 '시를 짓지 못하면 금곡주수^{金谷酒數}[19]에 의해 벌하리라'^{如詩不成,} ^{罰依金谷酒數}란 구절이 이 같은 전통을 잘 표현하고 있다.

19 금곡주수^{金谷酒數}: 금곡의 예에 따라 벌주 세 말^{罰酒三斗}을 마시게 한다.

석숭石崇, 249~300이란 인물에 대해 간략히 소개하자면, 그는 서진西晉 무제武帝 때 사람으로 산동山東 청주靑州에서 태어났다. 그는 아버지 석포石苞가 "영특해 물려받은 것이 하나 없어도 거부巨富가 될 인물"이라며 재산을 한 푼도 물려주지 않았지만 엄청난 부를 쌓았다. 그는 혜제惠帝, 290~306 때 형주자사荊州刺史란 관직에 오른 이후부터 권력을 이용한 무역을 통해 큰돈을 벌었으며, 또한 외국 사절들과 교역하는 상인들을 위협해 수탈하는 방식으로 재산을 불려 나갔다.[20]

이어 혜제의 황후인 가후賈后가 권력을 잡고 전권을 휘두르자 황후의 조카 가밀賈謐과 유착해 절대의 부를 이뤘는데, 당시 석숭의 처첩이 100명에 달했고 집의 하인이 800명에 이르렀다 한다. 당시 석숭에게는 절세 미모인 데다 피리에 능통한 녹주綠珠라는 애첩이 있었는데, 그는 녹주를 총애하여 원기루苑綺樓 또는 녹주루綠珠樓라고 하는 100장丈 높이의 누각을 지어주었다. 그때 사마륜司馬倫이 석숭의 배후였던 가후의 세력을 제거하고 전권을 장악하여 조왕趙王의 자리에 오르는 사건이 터진다.

세상이 뒤바뀌자 석숭의 권위에 도전하는 일도 벌어지게 된다. 조왕의 측근이었던 손수孫秀라는 자가 녹주를 탐내어 사람을 보내 데려오도록 시켰으나 석숭은 당연히 그의 청을 거절하는 사건이 발생한다. 구세력과 연결되어 있던 석숭은 점차 자신에 대한 압박이 심해짐을 느끼자, 황문랑黃門郞 반악潘岳[21]과 함께 회남왕淮南王 사마윤司馬允, 제왕齊王 사마경司馬冏 등과 연합하여 사마륜 제거를 시도한다. 그러나 손수가 이를 미리 알고 대군을 이끌고 금곡원金谷園을 포위하자, 녹주는

---

20 『진서』晉書, "劫遠使商客 致富不貲."
21 반악潘岳: 중국 역사상 최고의 미남으로 꼽히며, 서진시대 최고 문장가의 한 명이다.

명대明代 화가 십주十洲 구영仇英의 「금곡원도」金谷園圖 부분. 중국 남경박물관 소장.

누각에서 몸을 던져 자살하고 석숭은 반악 등과 함께 사로잡혀 참수되는 비운을 맞는다.

따라서 뒷날 지어진 문장에 등장하는 '금곡'이란 단어는 화려했던 부귀영화가 덧없이 사라져버린 의미로 사용되게 된다. 예를 들어 당의 두목杜牧이 지은 「금곡원」金谷園이란 시가 있다.

화려했던 옛 시절 향기 함께 흩어지고,
물은 흘러 무심한데 풀만 저절로 봄이로다.
해 질 녘 봄바람에 석숭의 원망만 새 울음 되니,
지는 꽃은 몸을 던진 녹주를 닮았구나.

繁華事散逐香塵
流水無情草自春
日暮東風怨啼鳥
落花猶似墜樓人

이 시의 첫 구절에 나오는 '향신'香塵이란 표현은 당시 석숭이 집에 상아로 만든 바닥에 침향沈香을 깔아놓고, 무희舞姬들에게 걸어가게 한 후에 발자국이 남지 않은 무희에게 상으로 진주珍珠를 주었다는 고사를 염두에 둔 말이다. 이토록 호사스럽게 누리던 석숭의 부귀영화는 덧없이 사라져버리고 말았다.

우러러 파아란 하늘가를 바라보고

굽혀 녹수가를 쳐다보니

고요하고 맑은 경치가 끝없이 펼쳐졌네.

눈길 가는 곳마다 자연理이 스스로 펼쳐 있으니

크도다, 조물주의 위대함이여!

만물은 모두 다르지만 (그 본질상) 같지均 않은 것이 없고

뭇 소리群籟가 비록 같지 않지만參差

나에겐 친하지 않은 것이 없구나.

· 왕희지王羲之

仰眺碧天際

俯瞰綠水濱

寥朗無涯觀

寓目理自陳

大矣造化功

萬殊靡不均

群籟雖參差

適我無非親

제2부
난정서의 내용

유상곡수流觴曲水 전통의 시작

유구한 중국의 역사에서도 글씨書와 문장文이 똑같이 빼어난 경우는 생각보다 많지 않다. 그 대표적인 경우로 소동파蘇東坡가 짓고 직접 쓴 「적벽부」赤壁賦와 이 「난정서」蘭亭序를 꼽는다. 그만큼 「난정서」는 서예뿐 아니라 뛰어난 명문으로도 유명하다. 이제 그 유려한 문장을 하나하나 살펴보기로 하자. 원문은 「신룡본」神龍本의 글자를 따르되, 문장만을 볼 때 많은 사람이 참조하는 『고문진보』古文眞寶의 글자와 다른 부분은 굵은 글자로 표시하였으며, 또한 각주로 설명하였다.

1.

영화永和 9년 계축년癸丑, 353 3월 초승에 회계會稽 산음현山陰縣의 난정蘭亭에 모여서 계사禊事를 행하였다.

永和九年, 歲在癸丑, 暮春之初, 會於會稽山陰之蘭亭, **脩禊**[1]事也.

---

1 본문의 '수계'脩禊가 『고문진보』에는 '수계'修禊로 쓰여 있다. 〈부록 2〉 참조.

이 문장에서 '계사'禊事: 또는 禊事란 단어가 등장한다. '계사'는 '불계' 祓禊, '계제'禊祭, '계제'禊除 등으로도 불리는데, 물가에서 손발 등을 씻으며 한 해의 재앙을 물리치려는 중국의 전통풍습이었다. 하夏나라 달력으로는 3월三月 상사일上巳日, 즉 상순의 뱀날 행해지는 춘계春禊와 7월 14일 행해지는 추계秋禊가 있었다고 한다. 이런 계제사禊祭祀는 후대 위진魏晉으로 넘어오면서 그 종교적 의미보다는 위락적 요소가 더 강해진다. 일종의 모임 명분인 셈으로 그 자체가 그리 중요한 것은 아니다. 정작 이 단어와 관련하여 우리가 알고 넘어가야 할 중요한 점은 「난정서」에 대한 다양한 명칭과 관련된 부분이다.

이 글이 쓰여졌을 때는 명칭이 따로 있지 않았다. 그러다가 세월이 흐르면서 이 글이 유명해지자, 이 글을 지칭하는 명칭이 생겨나기 시작한다. 예컨대 진대晉代 『세설신어』世說新語에는 「임하서」臨河序라고 소개되어 있고, 『진서』晉書에는 전문全文이 소개되어 있지만 명칭은 따로 언급되어 있지 않다. 이후 '난정'이란 명칭이 사용되기 시작하는 것은 당대唐代에 들어오면서부터다. 당의 유속劉餗이 지은 『수당가화』隋唐佳話에서 처음으로 「난정서」란 명칭이 나오고, 하연지何延之의 「난정시말기」蘭亭始末記에는 「난정시서」蘭亭詩序란 명칭으로 소개되어 있다. 그러다가 송대宋代에 들어 구양수歐陽修가 처음으로 「계사」禊事란 단어를 넣어 「수계서」修禊序로 불렀다. 이후 채군모蔡君謨는 「곡수서」曲水序, 소동파는 「난정문」蘭亭文 등으로 불렀다. 청대靑代에는 「계첩」禊帖[2]과 「난정수계서」蘭亭修禊序[3]등으로 불리게 되었다. 어쨌거나 그 불리는 명칭들을 보면 주로 '난정' 또는 '수계' 등의 단어를 사용하고 있음을 알

2 청淸 고종高宗이 명명.
3 상세창桑世昌이 명명.

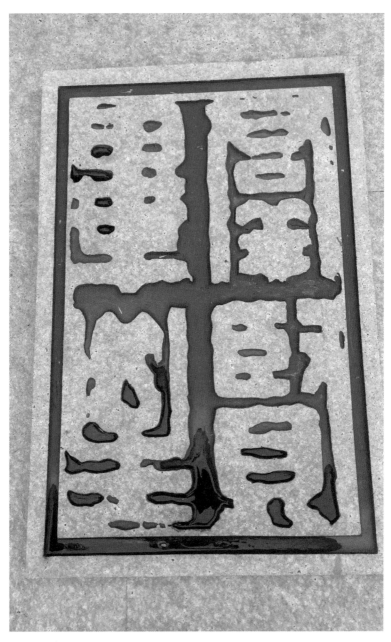

"뭇 현사賢士들이 다 모였다"는 '군현필지'羣賢畢至의 대형 전각篆刻. 난정의 입구에 조각되어 있다.

난정의 숲을 이루고 있는 '무림수죽'茂林修竹들.

수 있다. 따라서 '계사'禊事란 단어는 후대로 오면서 난정의 이칭異稱같이 사용되는 경향이 있다는 것에 주목할 필요가 있다.

2.

뭇 현사賢士들이 다 모이고 젊은이, 늙은이들이 모두 모였도다. 이곳은 높은 산과 가파른 고개, 무성한 숲과 길게 자란 대나무가 있다. 또한 맑은 물과 격동치는 여울이 허리띠를 두른 듯이 좌우로 이어져 춘광春光이 그 위에 반짝이며 흐르고 있으니, 이 물줄기를 끌어다가 유상곡수流觴曲水: 술잔을 띄워 보낼 수 있는 물굽이를 만들고 차례에 따라 벌려 앉았다.

羣賢畢至, 少長咸集. 此地有崇山峻領[4], 茂林脩竹. 又有淸流激湍, 暎帶[5]左右, 引以爲流觴曲水列坐其次.

처음 이 글을 읽었을 때는 이해는 되었지만 그 경치를 볼 수가 없어서 가슴에 와 닿지 않았다. 하지만 난정을 여행하면서 이 글을 떠올리니 자연스레 고개가 끄덕여졌다. 수천 년의 세월이 흘렀지만 자연은 그다지 변함이 없을 터. 높은 산과 무성한 숲, 특히 '수죽'修竹, 즉 길게

---

4 본문의 '준령'峻領이 『고문진보』에는 '준령'峻嶺으로 쓰여 있다. 의미로 보아 '령'嶺을 쓰는 게 맞지만, 원문에서 '령'領을 사용한 것으로 미루어, 당시에는 서로 글자를 통용한 것으로 보인다. 실제 당나라 때 쓰여진 임본臨本 가운데 특히 저수량褚遂良의 임본 중에는 '령'嶺으로 쓰여진 것들이 다수 있다. 이러한 임본들을 일컬어 「영자종산본」領字從山本, 즉 '뫼 산山자 아래에 영領자를 쓴 판본'이라 부른다. 이 책의 252쪽, 「저수량의 임본과 진본의 행방」참조.

5 본문의 '영대'暎帶가 『고문진보』에는 '영대'映帶로 쓰여 있다. 의미는 같다. 〈부록 2〉참조.

자란 대나무가 시원스레 숲을 이루고 있는 이곳 장면이 「난정서」의 내용과 잘 맞아떨어지는 듯했다.

그러나 이 문장에서 가장 주목할 단어는 바로 '유상곡수'流觴曲水다. 유상곡수란 문자 그대로 굽이치는 물굽이曲水를 만든 뒤, 거기에 술잔을 띄워流觴 보내는 동안 시를 짓는 물놀이다. 바로 그 시조始祖가 여기 난정이다. 왜 술잔을 물에다 띄웠을까. 「난정서」 첫 단락에서 이날의 모임 형식이 '계사'라는 봄 물놀이 형식을 빌렸음을 살펴보았다. 이 책의 뒤에서 보게 될 난정에서 지어진 시에서도 여러 차례 언급되지만, 이날은 각자가 편안히 신발을 벗고 발을 물에 담그고 놀았으며 어떤 이는 낚시를 하는 등 자유로운 봄맞이 놀이를 만끽하였다. 이러한 와중에 시를 지으며 즐거운 시간을 보냈는데 흐르는 물에 술잔을 띄워 배달시킨 것이다. 참으로 낭만적인 발상이 아닌가.

난정에서부터 비롯된 기발한 귀족문화貴族文化의 정수精髓, 바로 이 '유상곡수' 문화는 시대를 이어 내려가는 한편 우리나라를 포함한 일본 등 주변 국가에도 전파되기 시작한다. 우리나라의 경우, 경주의 '포석정'鮑石亭이 바로 이 난정의 '유상곡수'가 신라로 전해진 것이다. 이후 '유상곡수' 분화는 중국의 경우 한 단계 더 발전한다. 난정의 '유상곡수' 본래 모습은 노천개방형인 데 반해, 후대로 넘어올수록 날씨가 궂은 날에도 실내의 궁궐에서 즐길 수 있도록 정자 아래에 만들었다. 또한 더욱 꼬불꼬불하게 인공적으로 물굽이를 만드는 등의 변화가 생긴다. 또한 앞서 언급한 바와 같이 '유상곡수'는 신라뿐 아니라 일본에까지 전해진다. 큐슈九州 시마즈島津의 선암원仙巖園 안에 있는 곡수曲水의 정원 등이 모두 여기서 비롯된다.

▲ 한美대의 술잔인 녹수우상綠釉羽觴. 난정의 '유상곡수'에서도 이 같은 술잔들이 물굽이曲水 위로 떠다녔
을 것이다.

▼ 난정에 보존되어 있는 유상곡수 터. 돌에 붉은 글씨로 '유상곡수'라 쓰여 있다.

▲ 물길을 따라 술잔觴이 흘러 다녔던 '곡수' 장소.

▼ 난정에 세워져 있는 유상정流觴亭.

▲ 경북 경주의 포석정鮑石亭.

▼ 청대淸代 북경 공왕부恭王府 내 곡수거曲水渠. 중국에는 이와 같이 실내에 만들어진 곡수거 유적이 지방별로 매우 많다.

3.

　비록 사죽관현絲竹管絃의 성대한 연주는 없으나 술 한 잔 마시고 시 한 수 읊조리니 그윽한 마음속 정회情懷를 풀어내기에 족足하였도다.

　雖無絲竹管弦[6]之盛, 一觴一詠, 亦足以暢叙幽情.

　이 문장에서 주목할 단어는 '사죽관현지성'絲竹管弦之盛이다. '사죽'絲竹은 곧 '관현'管絃을 뜻하는 것이니, "관악기와 현악기의 성대한 연주"를 의미한다. 특별히 주의를 기울이지 않으면 무심코 넘어갈 수 있는 문장이다. 하지만 앞에서 소개한 것처럼 이 난정의 연회는 약 50년 앞서 시행된 금곡의 연회를 염두에 둔 모임이었다. 앞서 소개한 「금곡시서」를 보자.

　그때 비파와 거문고, 생황과 축을 수레에 함께 싣고 길을 가면서, 같이 연주하고 또는 머물면서 북과 피리를 번갈아 연주하게 하였다.

　時琴瑟笙筑, 合載車中, 道路並作及住令與鼓吹遞奏.

　즉 본문의 '사죽관현지성'이란 바로 「금곡시서」의 이 구절을 의미한다. 따라서 그 뜻을 살려서 「난정서」를 다시 해석해보자.

　비록 석숭의 금곡연회 같은 성대한 연주는 없으나, 뛰어난 문인

───────

6 본문의 '관현'管弦 이 부분이 『고문진보』에는 '관현'管絃으로 쓰여 있다. 의미는 같다. 〈부록2〉 참조.

일본 큐슈 시마즈島津의 선암원仙巖園내에서 행해지는 '곡수지연'曲水之宴.

들은 오히려 더욱 많아 술 한 잔 마시고 한 수 시를 읊조리니 마음 속 그윽한 정회를 풀어내기는 더없이 족하였도다.

雖無絲竹管絃之盛 一觴一詠亦足以暢叙幽情

다음 부분을 보자.

4.

이날이야말로 하늘은 구름 한 점 없고 대기大氣는 맑았으며, 봄바람은 따스하고 부드럽게 불었다. 우러러 우주宇宙의 넓음을 관망觀望하고, 굽혀서 만물의 풍성함을 살펴보니, 눈 가는 대로 바라보다가 상념想念의 나래를 펴기도 하며, 보고 듣는 즐거움을 마음껏 누리니, 실로 즐겁기 그지없었노라.

是日也, 天朗氣清, 惠風和暢. 仰觀宇宙之大, 俯察品類之盛, 所以遊目騁懷, 足以極視聴之娛信可樂也.

이로써 「난정서」의 전반부가 끝난다.

▲ 난정에 세워져 있는 빙회정騁懷亭. 본문의 '유목빙회'遊目騁懷에서 따왔다.

▼ 난정 뒤를 흐르는 개천 위에 세워져 있는 빙회교騁懷橋.

난정에 세워져 있는 '신가락야'信可樂也의 전서체 조각. 「난정서」의 '족이극시청지오, 신가락야'足以極視聽之娛,
信可樂也, 즉 "보고 듣는 즐거움을 마음껏 누리니, 실로 즐겁기 그지없었노라"에서 따왔다.

현언玄言: 철학적 내용의 이면

「난정서」 중반부는 필자가 가장 오랜 기간 마음에 담아두고 그 깊은 의미를 해석하려 애써온 부분이다.

　　5.

　　무릇 사람들이 서로 더불어 내려다보기도 하고 올려다보기도 하면서 한세상을 살아가는데, 어떤 이는 마음속에 품은 생각을 가지고 마주앉아 깨달은 바를 이야기悟言하기도 하고, 또 어떤 이는 자신이 처한 상황에 자신을 맡겨, 육체 밖에서 자유롭게 노닐기도 한다.

　　夫人之相與, 俯仰一世, 或取諸懷抱, 悟言一室之内, 或因寄所託, 放浪形骸之外.

위의 문장이 무슨 뜻인지 확실하게 이해할 수 있는가. 지구字句 하나하나를 해석하면 위와 같은 뜻이 되며, 국내에 소개된 수많은 해석도 위의 해석과 대동소이한 내용을 전하고 있다. 중국에서도 대략 그렇게 풀이하고 있다.

본문 내용 중 '혹인기소탁'或因寄所託 부분. '인'因자 부분을 추후 고쳐 썼는데, 원래 무슨 글자였는지는 분명치 않다. 「난정서」「신룡본」에서 발췌했다.

그런데 문득 '이 문장에서는 인간의 유형을 두 가지로 나누어 소개하고 있는데, 왜 수많은 인간의 유형 중에 이 같은 유형을 대표적으로 들었을까?' 하는 의문이 들었다. 이러한 자구字句 그대로의 해석이 뭔가 미진한 느낌이 들어, 하석何石 선생님께 이 글을 처음 배운 이후 오랜 기간 이 글을 마음에 담아두고 있었다. 그러다가 어느 날 『장자』莊子「대종사」大宗師 편의 다음 일화를 읽게 되었다.

자상호子桑戶, 맹자반孟子反, 그리고 자금장子琴張 세 사람은 서로 다음과 같은 이야기를 나누었다. "누가 서로 사귀는 것이 아니면서도 사귀고, 서로 돕는 것이 아니면서도 도울 수 있을까? 어느 누가

하늘에 올라 안개 속에서 거닐고 무한의 경지에서 노닐면서 서로
삶도 잊은 채 다함이 없을 수 있을까?" 세 사람은 서로 쳐다보며 빙
긋이 웃으며 서로 마음에 어긋남이 없어莫逆 친구가 되었다.

子桑戶. 孟子反. 子琴張三人相與語曰: "孰能相與於無相與, 相爲
於無相爲? 孰能登天遊霧, 撓挑無極. 相忘以生, 無所終窮?" 三人相
視而笑, 莫逆於心, 遂相與爲友.

얼마 지나서 자상호가 죽었다. 장례를 치르기 전 공자孔子가 이
소식을 듣고 자공子貢에게 조문하게 했다. 자공이 갔더니, 맹자반과
자금장은 작곡을 하여 거문고를 연주하면서 목소리를 맞추어 노래
를 부르고 있었다. "아! 상호여, 아! 상호여, 자네는 이미 본래 자리
로 돌아갔지만反眞, 우리는 여전히 사람의 몸이로구나." 자공이 빠
른 걸음으로 앞으로 나아가 말했다. "친구의 주검을 앞에 두고 노
래하는 것이 예의범절에 맞습니까?" 두 사람은 서로를 바라본 뒤
웃으면서 말했다. "이 친구가 어찌 예의 근본을 알겠는가?"

莫然有間而子桑戶死, 未葬. 孔子聞之, 使子貢往侍事焉. 或編曲,
或鼓琴, 相和而歌曰: "嗟來桑戶乎! 嗟來桑戶乎! 而已反其眞, 而我猶
爲人猗!" 子貢趨而進曰: "敢問臨尸而歌, 禮乎?" 二人相視而笑曰:
"是惡知禮矣!"

자공이 물러나 공자에게 가서 말했다. "저들은 대체 어떤 사람들
입니까? 예의 법도도 익히지 않고 육신의 생사는 도외시한 채外其形
骸, 친구의 주검을 앞에 두고서 노래를 부르고 얼굴빛도 평소와 다

를 게 없습니다. 도대체 저들은 어떤 사람들인지 모르겠습니다. 저들은 어떤 사람들입니까?" 이에 공자가 대답했다. "그들은 이 세상 밖에서 소요하는 사람들方之外者이라네. 나는 이 세상 안에 있는方之內者 셈이지. 밖과 안은 서로 미치지 못하는데도 내가 자네를 조문 보냈구먼. 내 허물이네."

子貢反, 以告孔子, 曰: "彼何人者邪? 修行無有, 而外其形骸, 臨尸而歌, 顏色不變, 無以命之, 彼何人者邪?" 孔子曰: "彼, 遊方之外者也. 而丘, 遊方之內者也. 外內不相及, 而丘使女往弔之, 丘則陋矣."

첫 번째 단락에 나오는 '막역'莫逆이란 단어를 따서, '막역지우'莫逆之友란 사자성어를 낳은 이 『장자』「대종사」편의 일화는, 물론 실화를 기록한 글은 아니다. 노장老莊사상에서는 세상의 예의범절 등을 허례허식이라 배격하고, '예'禮를 중시하는 유교儒敎의 가르침을 수준이 낮은 것으로 치부한다. 『장자』에는 여러 가지 가상假想 일화를 들어 유교를 의도적으로 비하하는 대목이 여러 군데 나온다. 이 대목은 그중 하나다. 노장이 유교를 바라보는 시각을 '방시내사'方之內者 즉 "세상의 속박 안에 있는 사람"이라 하는 반면에 자기 자신들을 '방지외자'方之外者 즉 "세상의 속박 밖에 있는 사람"라고 하여, 자신들과 유교를 각각 '내'內와 '외'外란 키워드Key Word로 구분하고 있다. 여기서 '방'方이란 곧 세상을 의미한다. 옛날 중국 사람들은 하늘과 땅의 모습을 가리켜 '천원지방'天圓地方, 즉 '하늘은 둥글고 땅은 네모나다'라고 표현하였다. 이후 땅의 네모난 사방四方을 가리켜 '천지사방'天地四方이란 표현도 나오게 된다. 따라서 '방'方이란 글자 하나만으로도 온 세상을 나타내는 함의含意를 내포하게 된다.

왕희지가 이 글을 쓴 동진東晉시대는 사상적으로는 도교道敎, 문화적으로는 극도의 귀족문화가 성행하던 시기였다. 일반서민들과는 달리 많은 공부를 한 귀족들은, 당시 유행하던 도교의 영향을 받아 심오深奧한 말로써 대화를 나누는 경우가 많았다. 이처럼 동진시대 유행하던, 도교사상이 깃든 알기 어려운 심오한 말들을 총칭하여 '현언'玄言이라 부른다. 당시 귀족들은 알기 쉽게 글을 쓰는 것은 지적知的으로 천박하다 생각하여, 일부러 어렵게 글을 쓰는 경향까지 나타났다. 당시 국가 간 외교전을 벌일 때에도 외교관끼리 자국의 속마음을 시로 표현하여 주고받았는데, 더 알기 어려운 시로 표현한 나라가 외교적인 승리를 거두었다고 생각할 정도였다. 이날의 난정연회蘭亭宴會에서 지어진 수십 편의 시들도 이처럼 난해한 '현언'들로 가득 차 있다. 「난정서」 본문에서도 특히 이 구절은 알기 쉬운 글을 일부러 어렵게 포장한 대표적 '현언' 부분으로 볼 수 있다.

필자는 본문의 '일실지내'一室之內와 '형해지외'形骸之外란 표현은 바로 『장자』「대종사」 편의 '방지내자'와 '방지외자'의 다른 표현으로 본다. 즉, '방지내자'의 경우 세상을 의미하는 '방'方이란 단어를 『맹자』 孟子「이루 하」離婁下 편에 나오는 '실'室[7]이라는 훨씬 협의의 단어로 대체하고, '방지외자'의 경우, 같은 『장자』「대종사」 편에 나오는 '형해'形骸: 육신란 단어로 대체하여 '현언'적으로 다시 표현한 것이다. 물론, '일실지내'란 표현 안에 이미 유교에 대해 약간 비하하는 의미가 들어 있는 것이 사실이다. 이렇게 본다면, 본문에서 왜 인간의 유형을 이렇

---

7 『맹자』孟子「이루 하」離婁下 편의 해당구절은 다음과 같다. '이제 한방에 거처하는 사람이 싸우거든 이것을 구원하되, 머리를 풀어헤친 채로 갓끈을 졸라매고 싸움을 말리더라도 가하다.'今有同室之人鬪者, 救之, 雖被髮纓冠而救之, 可也.

게 두 가지로 나누는지 이해할 수 있다. 즉, 이 두 가지 인간 유형은, 곧 유교를 따르는 자와 도교를 따르는 자로 대분大分되게 되어, 당시의 시대상황과도 일치하게 된다.

따라서 이 글의 '현언'적 요소를 제거하고 이 글을 다시 해석해보면 다음과 같다.

> 무릇, 인간이 서로 더불어 한 세상을 살아감에, 어떤 사람은 유교의 가르침을 따라 좁은 방안에서 깨달은바 토론에 열중하며 살아가기도 하는 반면, 어떤 사람은 도교의 가르침을 따라 세상의 속박을 벗어나 유유자적하게 살아가기도 한다.

> 夫人之相與, 俯仰一世, 或取諸懷抱, 悟言一室之內, 或因寄所託, 放浪形骸之外.

이 글이 주는 뉘앙스는 유교보다는 도교를 좀 더 우위에 두는 느낌이다. 이것은 당시 동진시대에 유행하던 도교중심적 문화, 특히 그중에서도 왕희지의 왕씨 집인이 대대로 독실한 도교 신봉자였다는 사실에 미루어보면 전혀 어색하지 않은 일이다.

이처럼 일견 어려워 보이는 '현언'이 알고 보면 모두가 아는 쉬운 얘기를 어려운 단어들로 포장한 경우임을 문헌을 읽다보면 어렵지 않게 발견할 수 있다. 예를 들면, 추사秋史가 쓴 대련구對聯句 작품「자제련」自題聯에 다음과 같은 글이 있다.

이 문장은 본래 청淸나라 서예가인 등석여鄧石如의 「자제련」自題聯을 추사秋史 김정희金正喜가 다시 쓴 작품인데, 충남 예산의 추사고택秋史古宅에는 이 문장의 해석이 다음과 같이 걸려 있다.

충남 예산의 추사고택에 걸려 있는 추사의 대련 작품.

봄바람처럼 큰 아량은 만물을 용납하고,
가을 물같이 맑은 문장은 티끌에 물들지 않는다.

春風大雅能容物
秋水文章不染塵

언뜻 보면 이해할 수 있는 듯하지만, 막상 그 뜻을 헤아리려면 무슨 뜻인지 잘 가슴에 와 닿지 않는 해석이다. 위의 해석은 그야말로 자구字句의 해석에 그친 경우인데, 막상 '대아'大雅가 유교의 삼경三經 중 하나인 『시경』詩經의 한 편명임과 '추수'秋水가 『장자』莊子의 한 편명임을 알고 나면, 위의 글은 다음과 같이 쉽게 풀어쓸 수 있다.

봄바람 같은 유교의 가르침은 만물을 포용하고,
가을 물 같은 도교의 가르침은 속세에 물들지 않는다.

春風大雅能容物
秋水文章不染塵

한문漢文은 이처럼 그 표현이 어디서 비롯되었는지를 알면 쉽게 그 의미를 이해할 수 있지만, 그렇지 않으면 그 의미를 이해할 수 없거나 전혀 다른 의미로 해석하게 된다. 이를 '전고'典故라 하는데 이것이 한문공부가 어려운 이유이기도 하다.

유한한 인생에 대한 슬픔

「난정서」는 전반부와 후반부의 정서가 너무도 확연히 다르다. 전반부는 연회의 즐거움 등을 그린 낙관적 정서로 충만한 반면, 후반부는 인생의 유한함 등에 대한 비관적 정서로 가득하다. 뒤에서 이 후반부 내용과 관련된 논란에 대하여 상세히 살펴볼 것이다. 우선 앞에서 소개한 후반부 첫 구절을 포함하여 후반부 내용을 소개해본다.

5.

무릇, 인간이 서로 더불어 한세상을 살아감에, 어떤 사람은 유교의 가르침을 따라 좁은 방안에서 토론에 열중하며 살아가기도 하는 반면, 어떤 사람은 도교의 가르침을 따라 세상의 속박을 벗어나 유유자적하게 살아가기도 한다. 비록 취향은 만 가지로 다르고 성격에 따라 조용함과 시끄러움靜躁이 같지 않지만, 각기 자신이 처한 경우가 마음에 드는 때를 만나서는 잠시 자신의 뜻을 얻은 양 우쭐하여 또는 앙연히 스스로 만족하여 곧 늙음이 닥쳐오는 것조차 모르고 지낸다.

夫人之相與, 俯仰一世, 或取諸懷抱悟言一室之內, 或因寄所託放
浪形骸之外, 雖趣[8]舍萬殊 静躁不同, 當其欣於所遇蹔[9]得於已, **快然**[10]
自足**不知老之將至**.[11]

 본문 내용 중 언급하지 않을 수 없는 부분이 '앙연자족'快然自足 중
'앙연'快然이란 단어다. 현재 중국의 많은 학자는 이 단어를 '쾌연'快然
의 오기誤記로 보고 있다. 일단 원문에서 이 글자가 어떻게 쓰여 있는
지를 살펴보면, 아래「난정서」의 첩본들 중 가장 원본과 가깝다고 믿
고 있는「신룡본」神龍本, 우세남虞世南의「장금계노본」張金界奴本, 구양순
歐陽詢의「정무본」定武本을 보면 모두 이 글자가 확연히 '앙연'으로 표
기되어 있다. 그런데 저수량褚遂良의「미불시제본」米芾詩題本을 보면 이
글자가 '앙'快인지 '쾌'快인지 모호하게 나타난다. 재미난 점은 초당初
唐시대 나타난 서예가 세 명 중 유독 저수량만이「난정서」의 오기誤記
라 보이는 글자들을 고쳐서 임서臨書하고 있다는 점이다.
 이 '앙연'快然 부분 외에도 앞서 살펴본, '숭산준령'崇山峻領이란 단
어에서 '령'領자를 '령'嶺으로 고쳐 쓰는 특징 때문에 저수량의 이러한
임본臨本들을 '엉사종산'領字從山 즉 '령領자를 뫼 산山자 아래에 쓰다'
는 뜻으로「영자종산본」領字從山本이라 부른다.[12] 여하튼 여러 가지「난
정서」첩본들을 살펴보아도 원문에 이 글자가 '쾌'가 아닌 '앙'으로 쓰

---

8 『고문진보』古文眞寶에는 '취'取로 표기되어 있다. 〈부록 2〉 참조.
9 『고문진보』에는 '잠'暫으로 표기되어 있다. 〈부록 2〉 참조.
10 '앙연'快然은 '쾌연'快然의 오기誤記이냐에 대해 논란이 있다. 〈부록 2〉 참조.
11 '부지노지장지'不知老至將至란 이 부분을 『고문진보』에서는 '증부지노지장지'曾不知老
 至將至라고 표현하여 '증'曾자를 덧붙이고 있다. 〈부록 2〉 참조.
12 이에 대해서는 이 책의 252쪽「저수량의 임본과 진본의 행방」에서 자세히 다룰 것이다.

왼쪽부터 「신룡본」神龍本, 「장금계노본」張金界奴本, 「정무본」定武本, 「미불시제본」米芾詩題本.

여겼다는 점은 확실하다.

　사람들은 왜 '앙연'을 '쾌연'의 오기로 보는 것일까. 그 이유는, '앙' 의 의미 때문이다. 앙의 의미를 「광운」廣韻에서는 '슬퍼하다'悵也로, 「증운」增韻에서는 '불만족스럽다'情不滿足也로 풀이되어 있어, '앙연자 족'怏然自足으로 쓰면 뜻이 '앙연'과 '자족'이 서로 통하지 않기 때문이 다. 이런 이유 때문인지 원문에 '앙연'으로 쓰여 있다 할지라도, 이후 이 「난정서」를 기록한 글인 『진서』晉書에는 '쾌연'으로 기록되어 있고 송宋대의 『고문진보』古文眞寶, 청淸대의 『고문관지』古文觀止등에도 '쾌 연'으로 기록되어 있다. 그렇다면 원문에서는 '쾌연'을 써야하는데 실 수로 '앙연'으로 표기하였다는 말인가.

　이 부분은, 「난정서」 첩본을 살펴보면 '그렇지 않다'고 결론 내릴 수

「난정서」「신룡본」의 여러 차례 수정을 가한 흔적들.

있다. 왜냐하면 위의 「신룡본」에서 보듯이, 「난정서」는 한 번에 써서 완성한 글이 아니다. 글을 먼저 쓰고 그 뒤로 여러 차례에 걸쳐 수정을 가한 글이다. 그 수정을 가한 흔적들이 위에 실린 「신룡본」의 원으로 표기한 부분들에 선명히 드러나 있다. 그렇다면 왕희지는 이 부분을 처음부터 명확한 의도를 가지고 '쾌연'이 아닌 '앙연'으로 표기하였다는 것이 된다. 서예가들의 경우 글자 한 자도 심사숙고해서 쓴다는 점을 고려해보면, 중국 역사상 최고의 서예가로 추앙받는 왕희지가 왜 '앙연'으로 표기하였는지는 더욱 생각해볼 여지가 있다.

먼저 '앙'快에 대한 자전字典적 해석을 찾아보면, 앞서 소개한 바와 같이 「광운」은 '슬퍼하다', 「증운」은 '불만족스럽다'라고 풀이하고 있다. 이때의 발음은 '어於와 양亮을 절반씩 잘라 발음하는 것'於亮切으로 중국의 사성四聲발음 중 거성去聲으로 발음된다. 다른 자전인 『유편』類篇을 보면, 이 단어의 뜻을 '우쭐한 모양'自大之意이라 풀이하고 있다. 이때의 발음은 '어於와 양良을 절반씩 잘라 발음하는 것'於良切이고 사성 중 평성平聲으로 발음된다고 풀이한다. 『현대한어사전』現代漢語詞典 풀이를 보자.

'앙연'怏然은 'yàngrán'으로 발음하고, 그 의미는

① 불쾌한 모양形容不高興的樣子. 예: 앙연불열怏然不悅.

② 우쭐한 모양形容自大的樣子. 예: 앙연자족怏然自足.

이라고 풀이되어 있다. 현대사전과 옛날 자전 모두 발음이 거성으로 같다. 또한 청대의 유명한 자전학자인 단옥재段玉裁도 그의 유명한 저서인 『설문해자주』說文解字注에서 "『집운』集韻과 『양운』陽韻에는 '앙연'怏然을 '우쭐댄다는 뜻'怏然自大之意으로 풀이하니, 왕희지의 「난정서」에 '앙연자족'이라 표기된 바와 같다. 이 글자는 본래 그렇게 쓰여진 것으로 '쾌'快자를 잘못 쓴 것이 아닌데, 이 사실을 아는 학자가 적다"[13]고 밝히고 있다.

그러나 한편으로는 위에서 소개한 자전 『유편』과 『집운』은 모두 「난정서」가 쓰여진 지 약 700여 년이 지난 시점인 송宋 인종仁宗 경우景祐 4년1037에 편찬되었다는 점이 문제다. 유명한 사람이 말을 하면, 비록 그 말이 어법에 틀리더라도 이후로는 그 말이 통용되듯, '앙연'이 '우쭐댄다'自大之意는 의미가 원래 있었다기보다는 왕희지의 「난정서」에서 '앙연자족'怏然自足이란 표현으로부터 시작된 풀이일 가능성이 다분해 보인다. 만일 『유편』과 『집운』의 해석과 같이, 과거 「난정서」가 쓰여진 시점인 동진시대 이전부터 '앙'怏이란 글자가 '우쭐댄다'自大之意는 의미로 사용되어왔다고 가정해보자. 그렇다면 왜 「난정서」로부터 290여 년이나 지난 644년에 편찬된 『진서』에서는 '앙연'을 굳이 '쾌연'이라 바꾸어 표기하고 있느냐라는 점을 다시 의문으로 제기할

---

13 단옥재段玉裁, 『설문해자주』說文解字注. "集韻於陽韻曰: 怏然自大之意. 考王逸少蘭亭序曰: 怏然自足, 自來石刻如是, 本非快字, 而學者鮮知之."

수 있다. 결론적으로 말하면, 이 부분은 현재까지도 논란이 분분한 사항으로, 왜 왕희지가 '쾌연'이 아닌 '앙연'이란 단어를 썼는지는 아직도 명확히 밝혀져 있지 않다고 말할 수 있다. 이 문제는 껍질을 벗기면 벗길수록 커지는「난정서」의 여러 의혹 가운데 하나다.

본문 문장 중 '앙연' 다음으로 나오는 '부지노지장지'^{不知老之將至}란 구절은『논어』^{論語}「술이」^{術而} 편에 나오는 다음의 구절에서 인용한 것이다.

섭공^{葉公}이 자로^{子路}에게 공자에 관해 물었는데, 자로가 대답하지 못했다. 뒤에 공자께서 말씀하시길, "너는 어찌하여 '그는 학문에 열중하면 먹는 것을 잊으며, 도를 즐기면 근심을 잊어, 늙음이 닥쳐오는 것도 모른다'라고 말하지 않았느냐"라고 했다.

葉公問孔子於子路, 子路不對. 子曰 "女奚不曰, 其爲人也, 發憤忘食, 樂以忘憂, 不知老之將至云爾."

이 구절은『고문진보』나『고문관지』등에서는 '승부지노지장지'^{曾不知老之將至}라 하여, 원문과 비교하여 '증'^{曾: 일찍이}자 한 자를 추가하여 표기하고 있는데, 의미상 큰 차이가 있는 것은 아니다.

6.

그러나 급기야 그 즐거움에도 권태를 느끼니, 자신의 권태로운 감정이 일을 따라 옮겨가서^{情隨事遷} 결국엔 감회만 남게 된다^{感慨係之矣}. 지난날에 즐겼던 일이 잠깐 사이에^{俛仰之間} 옛 자취가 되어버리니^{以爲陳迹}, 감회가 생기지 않으려야 않을 수가 없음이라.

'향지소흔'向之所欣의 '향지'向之자 부분. 본래 '어금'於今을 추후 '향지'로 고쳐 쓴 것으로 보인다. 「난정서」「신룡본」에서 발췌했다.

及其所之既倦, 情隨事遷 感慨係之矣. 向之所欣, 俛仰之間 以爲陳迹, 猶[14]不能不以之興懷.

여기서 '감개계지의'感慨係之矣란 구절의 '계'係는 '계'繼: 잇다와 같은 의미로, 다음의 『장자』「지북유」知北游 편의 '애우계지'哀又繼之란 구절에서 인용한 것이다.

산림이나 언덕에서 노니는 것은 우리를 즐겁게 해준다. 하지만

14 『고문진보』에서는 '유'猶를 '우'尤로 표기하고 있다. 〈부록 2〉 참조.

즐거움이 끝나기도 전에 슬픔이 이어지나니, 즐거움과 슬픔이 오는 것도 막을 수 없으며, 그것들이 떠나는 것도 막을 수 없나니, 어찌 슬프지 아니한가!

山林與, 皐壤與, 使我欣欣然而樂與. 樂未畢也, 哀又繼之, 哀樂之來, 吾不能禦, 其去弗能止, 悲夫.

또한 『장자』의 '낙미필야, 애우계지'樂未畢也 哀又繼之란 구절을 풀이한 성현영成玄英: 당나라 초의 도교학자의 소疏를 보자.

낙樂이 끝나기도 전에 슬픔이 이어지니, 감정이 일을 따라 옮겨가서情隨事遷 슬픔과 즐거움이 갑자기 변하게 되는 것이다. 이런 연유로 즐거움 또한 근거가 없고 슬픔 또한 근거가 없으니, 세상의 즐거움 및 슬픔은 모두 헤아릴 필요가 없음을 알 수 있다.

而樂情未幾, 哀又繼之. 情隨事遷, 哀樂斯變. 此乃無故而樂, 無故而哀, 是知世之哀樂不足計也.

여기서 '정수사천'情隨事遷이라는 구절이 유래되고 있는 것으로 보인다.

7.
하물며 수명이 짧든 길든修短 자연의 조화를 따라隨化, 결국에는 그 생명이 다할 날이 있음에야 더 말해 무엇 하겠는가. 옛사람도 말하길, '죽고 사는 것이야말로 인생의 중대한 일이다'死生亦大矣라고

'기불통재' 가운데 '통'痛자 부분. 본래 '애'哀자를 추후 '통'자로 고쳐 쓴 것이다. 「난정서」「신룡본」에서 발췌했다.

했으니, 어찌 애통하지 않을 수 있으랴.

況修短隨化, 終期於盡. 古人云死生亦大矣, 豈不痛哉.

'사생역대의'死生亦大矣란 구절은 다음의 『장자』「전자방」田子方 편에서 인용한 것이다.

공자께서 백혼무인伯昏无人 및 손숙오孫叔敖의 얘기를 듣고는 말하길, "옛날의 진인眞人은 지혜 있는 사람이리 해도 설득시킬 수 없고, 미인이라 해도 유혹할 수 없으며, 도적들도 겁탈할 수 없으니, 복희씨伏戲氏나 황제黃帝도 그와 벗할 수 없었다. 비록 '죽고 사는 것이 큰 문제이긴 하지만'死生亦大矣, 그의 마음을 변하게 할 수는 없는 것이었으니, 하물며 벼슬과 녹이 문제가 되겠느냐?"고 하였다.

仲尼聞之曰: "古之真人, 知者不得説, 美人不得濫, 盗人不得刦, 伏
戲黃帝不得友, 死生亦大矣, 而無變乎已, 况爵祿乎."

이상으로 유한한 인생에 대한 슬픔이 구구절절 배어 있는 세 번째
단락이 끝난다.

문장의 마무리

이제 문장의 중반 이후 마무리 부분을 살펴보겠다.

8.

그러므로 옛사람이 감회에 젖었던 까닭을 살펴볼 적마다 마치 계
인契印[15]이 하나로 꼭 들어맞는 것과 같아, 옛 문장을 대함에 탄식하
지 않을 수 없으니, 그 감회를 어디다 비유할 수가 없도다.

每攬[16]昔人興感之由, 若合一契, 未嘗不臨文嗟悼, 不能喻之於懷.

여기서 왕희지는 '옛사람'昔人, 그리고 '옛 문장을 대한다'臨文란 표
현을 쓰고 있다. 학자들의 대체적인 의견은, '옛사람'은 석숭石崇을,
'옛 문장을 대한다'는 표현은 「금곡시서」金谷詩序의 바로 다음 문장을

15 계인契印: 두 장의 종이에 걸쳐 찍는 계契자를 새긴 도장.
16 원문의 '매람'每攬을 『고문진보』에서는 '매람'每覽으로 바꾸어 쓰고 있다. 〈부록 2〉
참조.

두고 한 말일 것이라고 보고 있다.

　타고난 운명이 영원치 못하며, 시들고 떨어짐의 기한 없음이 두렵도다.

　感性命之不永, 懼凋落之無期.

　9.
　진실로 사死와 생生이 하나라는 것一死生이 허황된 거짓이요, 팽조彭祖와 요절한 자殤가 같다는 것齊彭殤도 요망스럽게 지어낸 것임을 알겠다.

　固知一死生爲虛誕, 齊彭殤爲妄作.

이 문장에 나오는 '일사생'一死生, 즉 삶과 죽음이 하나라는 생각은 『장자』莊子「제물론」齊物論의 핵심사상이다. 『장자』「제물론」을 보자.

　삶이 있으면 죽음이 있고, 죽음이 있으면 삶이 있다. 가능한 것이 있으면 가능하지 않은 것이 있고, 가능하지 않은 것이 있으면 가능한 것이 있다. 옳음이 있어 그릇됨이 있고, 그릇됨이 있어 옳음이 있으니…… 이것이 저것이 되고, 저것이 또한 이것이 된다.

　方生方死, 方死方生. 方可方不可, 方不可方可. 因是因非, 因非因是... 是亦彼也, 彼亦是也.

위魏나라 죽림칠현竹林七賢 중 한 사람이었던 완적阮籍은 그의 저서
『달장론』達莊論에서 이 『장자』「제물론」의 사상을 언급하면서 처음으
로 다음과 같이 '일사생'一死生이란 단어를 사용하고 있다.

　　오늘날 장자가 이런 연유로 화禍와 복福이 같은 것이며齊禍福, 삶
　　과 죽음이 하나이고一死生, 천지가 하나이며, 만물이 하나의 손가락
　　에 불과하다 하였다.

　　今莊周乃齊禍福而一死生, 以天地爲一物, 以萬物爲一指.

마찬가지로, '제팽상'齊彭殤이란 단어는 『장자』「제물론」의 다음과
같은 구절을 전고典故한 것이다.

　　세상은 상대적이라, 짐승의 가을 털끝보다 더 큰 것이 없다 여길
　　수도 있고, 태산泰山을 오히려 작다 여길 수도 있다. 어려서 요절한
　　아이殤보다 더 오래 사는 것이 없다 여길 수도 있고, 요堯임금부터
　　은殷나라 말까지 700년을 살았다는 팽조彭祖도 일찍 죽었다고 여길
　　수도 있다.

　　天下莫大於秋毫之末, 而泰山爲小; 莫壽於殤子, 而彭祖爲夭.

10.
　　후세 사람들이 지금의 우리를 보는 것도, 지금의 우리가 옛날 사
람을 보는 것과 같으리니, 슬프도다!

'비부'悲夫부분. 본래 '비'悲자 앞에 '양가'良可 두 글자가 있었는데, 이 두 글자를 지우고, 뒷부분의 '비야'悲也 중 '야'也자를 추후 '부'夫자로 고쳐 쓴 것으로 보인다. 즉, 원래 의도한 문구는 '양가비야'良可悲也, 즉 '진실로 슬프지 아니한가'이다. 「난정서」「신룡본」에서 발췌했다.

後之視今, 亦由[17]今之視昔, 悲夫!

이 문장은 『한서』漢書 「경방전」京房傳에 나오는 다음 구절을 인용한 것이다.

신臣은 후대 사람들이 오늘 저희를 바라보는 것이 마치 저희가 과거 사람들을 바라보는 것과 같을 것을 두려워할 따름입니다.

---

17 '역유금지시석'亦由今之視昔. 이 부분을 『고문진보』에서는 '역유금지시석'亦猶今之視昔으로 표현하여, '유'由를 '유'猶로 바꾸어 표현했다. 〈부록 2〉 참조.

臣恐后之視今, 猶今之視前也.

여기서도, 왕희지가 말하는 '우리가 보는 옛날 사람'視昔은 바로 석숭石崇과 그의 금곡연회金谷宴會를 말하는 것이 자명하다.

11.
고로 (연회에 참석한) 지금 사람들을 순서대로 열기列記하고, 이들이 지은 시를 수록하노니, 비록 세상이 달라지고 세상일이 바뀔지라도雖世殊事異 사람이 감회感懷에 젖게 되는 까닭, 그 이치는 하나일 것이다. 장차 나중에 이 글을 보는 사람도 (내가 석숭의 옛 문장에 감회를 느끼듯) 이 글에서 느끼는 감회가 있으리라.

故列敍時人錄其所述, 雖世殊事異所以興懷其致一也, 後之攬[18]者亦將有感於斯文.

이 문장도 석숭의 「금곡시서」 중 다음 부분을 염두에 두고 쓴 글이다.

고로 순서대로 지금 사람들의 관호와 성명과 연기年紀를 적고, 시를 지어 뒤에 붙이니, 후세의 호사가好事家들은 읽어볼 지어다.

故具列時人, 官號姓名年紀, 又爲詩著後, 後之好事者其覽之哉.

18 이번 장의 주1과 마찬가지로 '매람'每攬을 『고문진보』에서는 '매람'每覽으로 바꾸어 쓰고 있다.

▲ 난정蘭亭 초입에 세워져 있는 '후지시금, 역유금지시석'後之視今, 亦由今之視昔 즉 후세 사람들이 지금의
우리를 보는 것도 지금의 우리가 옛날 사람을 보는 것과 같다는 글귀다. 난정을 구경 오는 사람들에게 두
고두고 던지는 경구警句의 메시지로 보인다.

본문 내용 중 가장 마지막 부분인 '감어사문'感於斯文 중 '문'文자 부분. 본래 '작'作자를 추후 '문'文자로 고쳐 쓴 것으로 보인다. 「난정서」 「신룡본」에서 발췌했다.

「난정서」는 이렇게 끝난다. 워낙 유명한 글이라, 국내에도 수없이 많은 해설이 존재한다. 하지만 문장 하나하나의 전고를 따져 밝힌 해설은 전무한 실정이다. 앞에서 지적한 것처럼, 한문漢文은 그 '전고'를 자세히 따져 밝히지 않으면 참된 의미를 파악하기가 쉽지 않다. 그런 의미에서 전고를 세세히 따지는 이 책의 노력이 조금이라도 「난정서」 원문의 의미를 파악할 수 있는 계기가 되기를 소망한다.

이상으로 「난정서」의 본문 내용을 살펴보았다. 「난정서」는 가장 유명한 서예작품으로, 그 본문 내용이 너무나 잘 알려져 있어 틀린 판본이 존재할 수가 없다. 다만, 워낙 오래전의 글인지라, 쓰인 글자가 후대로 오면서 쓰임새가 달라진 경우가 더러 나타난다. 이미 당나라 때 편찬된 책에서도 원문의 글자와 다른 판본들이 보이기 시작한다. 이 책에서는 우리나라에서 가장 많이 보는『고문진보』古文眞寶의「난정기」
와「난정서」「신룡본」의 글자를 비교하여 책 말미의〈부록 2〉에서 소
개하고 있으니, 관심 있는 독자는 참고하면 좋을 것이다.

아 옛날 공자孔子께서

봄놀이에 대한 마음을 품었건만

우리도 여기兹 뜻이 맞는 친구execute들과 모임契을 가져

자연林丘에 인간사 회포傲를 풀어보네寄.

아득하게 봉우리들은 이어지고

언덕 밭두둑은 끝간 데가 없구나.

먼 하늘霄엔 안개 드리웠고

차가운 샘물은 한가로이 흐르네.

· 사안謝安

伊昔先子

有懷春遊

契兹言執

寄傲林丘

森森連領

茫茫原疇

迴霄垂霧

凝泉散流

임하서臨河敍와 난정서蘭亭序

「난정서」가 소개되는 최초의 책은 무엇일까. 앞에서 「금곡시서」金谷詩序를 소개하면서 언급한 『세설신어』世說新語란 책이 있다. 이 『세설신어』 「기선」企羨 편에는 앞에서 이미 소개한 다음과 같은 내용이 있다.[1]

왕희지는 「금곡시서」를 모방하여 「난정집서」를 지으니, 이로써 자신이 석숭과 대등하다 여겨, 심히 기뻐하였다.

王右軍得人以蘭亭集序方金谷詩序, 又以已敵石崇, 甚有欣色.

『세설신어』는 남조南朝 송宋나라의 유의경劉義慶이 편찬한 책이다. 이 책은 난정연회蘭亭宴會가 열린 353년으로부터 70~80년쯤 후에 편찬되었다. 그런데 유의경으로부터 다시 60~80년 후쯤, 양梁나라 때 유효표劉孝標: 462~521란 인물이 나타나 『세설신어』에 대한 주석인 『전

---

1 이 책의 52쪽, 「석숭의 금곡시서: 난정서의 모델」 참조.

소」箋疏를 붙이는 작업을 완성한다. 그는 지금은 사라져 전하지 않는 당대의 사료史料를 풍부하게 인용하여 『세설신어』에 주석註釋을 달았다. 이러한 유효표의 『전소』는 육조六朝 때 같은 종류의 주석인 배송지裵松之의 『삼국지주』三國志注, 북위北魏 역도원酈道元의 『수경주』水經注와 함께 가장 뛰어난 주석서로 존중받고 있다.

그런데 유효표는 위의 『세설신어』 「기선」 편에 대한 주석에서, 이날 난정연회에서 왕희지가 다음과 같은 글을 썼다고 기록하고 있다. 하지만 이 글의 내용이 「난정서」의 앞부분과는 정확히 일치하지만 뒷부분은 완전히 다르다는 데 그 심각성이 있다. 후대에서는 유효표의 표현에 따라, 이 글을 「난정서」와 구분하여 「임하서」臨河序 또는 臨河敍라고 부른다. 그 내용을 살펴보자.

왕희지의 「임하서」에 "영화永和 9년 계축癸丑년 3월三月의 초승에 회계會稽 산음현山陰縣의 난정蘭亭에 모여서 계사禊事를 행하였다. 뭇 현사賢士들이 다 모이고 젊은이, 늙은이들이 모두 모였도다. 이곳은 높은 산과 가파른 고개가 있고, 무성한 숲과 길게 자란 대나무가 있으며, 또한 맑은 물과 격동치는 여울이 허리띠를 두른 듯이 좌우로 이어져, 춘광春光이 그 위에 반짝이며 흐르고 있으니, 이 물줄기를 끌어다가 유상곡수流觴曲水를 만들고 차례에 따라 벌려 앉았다. 이 날이야말로 하늘은 구름 한 점 없고 대기大氣는 맑았으며, 봄바람은 따스하고 부드럽게 불어, 눈 가는 대로 바라보다가 상념想念의 나래를 펴니, 실로 즐겁기 그지없었노라. 비록 사죽관현絲竹管絃의 성대한 연주는 없으나 술 한 잔 마시고 시 한 수 읊조리니 그윽한 마음속 정회情懷를 풀어내기에 족하였도다. 고로 순서대로 참석한 사람의 지은 글들을 기록하나니, 우장군右將軍 사마司馬인 태원太原 땅 손승공孫丞公: 손통孫統, 손작의 형 등 26인은 시를 좌와 같이 지었고,[2] 전직前職 여요령餘姚令 회계會稽 땅 사승謝勝 등 15인은 시를 짓지 못하여 벌주 세 말씩을 마셨다"라고 기록되었다.

王羲之臨河敍曰: "永和九年, 歲在癸丑, 莫春之初, 會于會稽山陰之蘭亭, 修禊事也. 群賢畢至, 少長咸集. 此地有崇山峻嶺, 茂林修竹. 又有清流激湍, 映帶左右. 引以爲流觴曲水, 列坐其次. 是日也, 天朗氣清, 惠風和暢, 娛目騁懷, 信可樂也. 雖無絲竹管絃之盛, 一觴一詠, 亦足以暢敍幽情矣. 故列序時人, 錄其所述. 右將軍司馬太原孫丞公等二十六人, 賦詩如左, 前餘姚令會稽謝勝等十五人, 不能賦詩, 罰酒各三斗."

왜 「임하서」와 「난정서」의 내용이 서로 다를까. 이것은 매우 심각한 문제일 수밖에 없다. 왜냐하면 만일 어느 하나가 진짜라면, 다른 하나는 가짜라는 결론에 도달하기 때문이다. 더구나 이 「임하서」는 시기적으로도 난정연회가 열린 353년에서부터 불과 150여 년이 지난 시점에 기록된, 「난정서」의 내용에 대한 최초의 글이라는 점에서 결코 그 글에 대한 신뢰성을 낮게 평가할 수가 없기 때문이다. 참고로 「난정서」 원문이 기록으로 나타나는 것은, 난정연회 이후 291년이 지난 644년, 당 태종太宗 때 편찬된 『진서』晉書 「왕희지」王羲之 편에서다.

---

2 '좌左와 같이 지었다'賦詩如左는 표현은, 당시 글을 쓸 때 오른쪽에서 왼쪽으로 글을 썼으므로, 서문序文을 쓰고 그다음에 지은 시詩들을 덧붙였다는 것으로, 인용된 이 「임하서」가 당시에 실제 왕희지가 쓴 글이라는 확실한 증거가 될 수 있다.

먼저 이 글을 살펴보면 「난정서」와 결정적인 점에서 차이[3]를 보이는데, 그것은 바로 글의 길이가 「난정서」의 절반에도 미치지 않는 단문短文으로서, 「난정서」의 앞부분과는 내용이 정확히 일치하지만, 비관적 내용의 후반부, 즉 '부인지상여'夫人之相與로 시작되는 부분이 송두리째 빠져 있는 반면, 글의 마지막 부분은 「난정서」에는 없는 문장, 즉 "고로 순서대로 참석한 사람의 지은 글들을 기록하나니, 우장군 사마인 태원 땅 손승공 등 26인은 시를 좌와 같이 지었고, 전직 여요령 회계 땅 사승 등 15인은 시를 짓지 못하여 벌주 세 말씩을 마셨다"라는 부분이 추가되어 있다는 점이다.

과연 「임하서」와 「난정서」 중 어느 것이 진짜 왕희지가 난정연회에 쓴 글일까. 이 부분에 대한 자세한 고찰은 이 책의 뒷부분인 「난정서의 진위眞僞 논란」에서 다루기로 하고, 여기서는 「난정서」가 모델로 삼고 있는 석숭의 「금곡시서」에서도 말미 부분에 「임하서」의 내용과 유사한 문구가 나타난다는 점을 먼저 지적하고자 한다.

　"고로, 순서대로 지금 사람들의 관호와 성명과 연기年紀를 적고, 시를 지어 뒤에 붙이니, 후세의 호사가好事家들은 읽어볼지어다. 참석한 자들은 모두 30인인데, 오왕사의랑吳王師議郎이자 관중후關中侯인 시평공始平公 소소蘇紹가 나이 오십으로 가장 으뜸이었다."

---

3 「난정서」의 전반부 내용도 순서가 약간 다른데, 전반부 마지막 부분인, "雖無絲竹管絃之盛 一觴一詠 亦足以暢叙幽情是日也 天朗氣淸 惠風和暢 仰觀宇宙之大 俯察品類之盛 所以遊目騁懷 足以極視聽之娛 信可樂也"란 부분이 「임하서」에서는, "是日也天朗氣淸, 惠風和暢, 娛目騁懷, 信可樂也. 雖無絲竹管絃之盛, 一觴一詠, 亦足以暢叙幽情矣"로 그 순서가 바뀌어 기록되어 있으며, 「난정서」의 "仰觀宇宙之大 俯察品類之盛"과 "足以極視聽之娛" 부분이 빠져 있다.

최근 중국 학자들 사이에서는 「임하서」야말로 왕희지가 본래 지은 글일 것이라고 추정하고 있다[4]. 그 첫 번째 이유는 시기적으로 이 글이 난정연회가 열린 시점으로부터 가장 가까운 시기에 쓰여져서 실제와 가까울 가능성이 크다는 사실이다. 두 번째 이유로는 『세설신어』의 글에 따르면 왕희지가 석숭의 「금곡시서」를 모방하여 글을 지었다고 하는데, 그렇다면 글의 내용 및 형식 등이 「금곡시서」와 비슷하여야 한다. 「임하서」가 글의 길이, 내용 및 마무리하는 부분까지 「금곡시서」와 매우 유사한 반면 「난정서」는 글도 훨씬 길고, 내용면으로도 맞지 않는다는 점을 들고 있다.

이외에도 학자들은 「난정서」가 뛰어난 명문인데도 『문선』文選에 수록되지 못한 점을 또 다른 증거로 들기도 한다. 『문선』은 중국 최초의 문학전집으로, 양梁나라의 소명태자昭明太子 소통蕭統: 501~531이 진秦·한漢 이후 제齊·양梁대의 유명한 글이란 글은 모두 모아 30권으로 편찬한 방대한 전집이다. 『문선』의 편찬에 생애를 걸다시피 한 소명태자가, 시기적으로도 불과 170여 년밖에 지나지 않은 난정연회를 모를 리 없었을 것이며, 그때 지은 「난정서」 또한 모를 수 없었을 것이다. 그러면 이 빼어난 명문名文의 글, 게다가 글을 쓴 사람도 유명하기 그지없었던 「난정서」를 소통은 왜 『문선』에 싣지 않았던 것일까. 만일 왕희지가 당시에 지은 글이 진짜 「난정서」가 틀림없다면 이 질문에 답하기는 힘들어진다. 하지만 만일 왕희지가 당시에 지은 글이 「임하서」라면 대답은 지극히 자명해진다. 「임하서」의 내용과 문장 수준으로는 『문선』의 선별 기준을 통과할 수가 없기 때문이다.

만일 왕희지가 당시에 지은 글이 「난정서」가 아니라면, 이 세상에서

---

4 郭沫若,「由王謝墓志的出土論到「蘭亭序」的眞僞」,『文物』, 1965. 5.

가장 유명한 이 서예작품 또한 서성書聖, 즉 왕희지의 글씨가 아니라는 결론에 도달한다. 그렇다면 당 태종이 그토록 목을 매다시피 구하려 했던 이 작품이 위작偽作이었단 말인가.

왕희지 가문의 일화

이번에는 왕희지王羲之 가문에 대해 살펴보자. 낭야琅邪 왕씨王氏로 불리는 이 가문은, 동진東晉시대 당시에 진군陳郡 사씨謝氏 집안과 더불어 최고의 사족士族 가문을 이루었다. 대대로 도교道教를 믿었고 전통적인 서예가 가문이었으며, 아버지나 아들이나 같은 '지'之자 돌림을 쓴 이 괴상한 가문은 도대체 어떤 사람들이었을까.

『신당서』新唐書에 따르면 "원래 왕씨의 성은 희성姬姓: 주周나라 왕족의 성에서 출발하였는데, 주周 영왕靈王 태자 진晉이 직간直諫을 하다가 서인庶人으로 폐함을 당하였다. 그의 아들 종경宗敬은 사도司徒가 되었는데, 당시 사람들이 '왕가'王家라 부름으로써 이때부터 성씨姓氏가 되었다"고 한다.[5] 이후 진난秦亂을 피해 낭야琅邪로 옮겨와 정착하였는데, 그들 일가가 호족으로 이름이 높아진 것은 동진의 건국 때 왕도王導: 276~339라는 사람이 큰 공을 세웠기 때문이다. 중국 역사상 명재상名宰相 중의 한 명으로 꼽히는 왕도는 왕희지의 아버지인 왕광王曠의 종형으로, 당시 혼란했던 북쪽 황하 지방과는 달리 장강 이남 지방을 안정시키는

5 이승연, 「왕희지의 도교관과 서예」, 『도교문화연구』 제23집, 2005.

데 크게 기여하여 왕씨 집안의 기초를 닦는다.

당시 귀족들 가운데 왕씨, 사씨謝氏, 치씨郗氏 등은 서로 일족간의 혼인관계를 통해 폐쇄된 귀족사회를 유지하였는데, 그들 대부분은 문예文藝에 뛰어났으며, 서예에 능했다. 이런 환경에서 태어나고 자란 왕희지는 축복받은 환경과 뛰어난 재능이 어우러져 서예사書藝史 최고봉인 '서성'書聖으로 추앙받는 업적을 이룬다. 그의 일대기를 『진서』晉書 「왕희지전」王羲之傳에 나오는 내용을 중심으로 살펴보자.

왕희지의 자字는 일소逸少로, 사도司徒인 왕도의 조카다. 조부는 왕정王正으로 상서랑尙書郞 벼슬을 하였고, 부친은 왕광王曠으로 회남태수淮南太守를 지냈다. 원제元帝 때 양자강을 건너 남쪽으로 이주하였는데, 왕광이 앞장서 이주를 주도하였다. 왕희지가 어려서는 말을 잘하지 못해, 그 재주를 사람들이 알지 못했다. 13세에 상서좌복야尙書左僕射인 주의周顗를 배알하였는데, 그때 주의가 그를 눈여겨보았다. 당시에는 소 염통구이牛心炙를 귀하게 여겼는데, 좌중들이 맛보기도 전에 주의가 칼로 잘라 왕희지에게 맛보이니, 그때부터 이름이 알려지기 시작하였다. 자라면서 말재주도 생기고 학식도 풍부하며, 성격도 곧다고 칭해졌다. 또한 예서隸書에 능하여, 고금 서예 중 으뜸으로 삼았다. 사람들은 그 필세筆勢를 일컬어, "그 표표함이 마치 떠가는 구름 같고, 굳세기가 마치 놀란 용이 달려가는 것 같다"飄若浮雲 矯若驚龍고 하였다. 그때 태위太尉 치감郗鑒이 문하생들에게 왕도의 집안에서 사윗감을 고르게 하였는데, 왕도는 동쪽 마루를 내어주고 자신들의 자제들을 둘러보게 하였다. 문하생이 보고 돌아와 "왕씨 집안 여러 젊은이가 모두 훌륭했습니다. 그러나 사윗감을 고르러 왔다는 소식에 모두 잘 보이려 하는데, 오

직 한 사람만은 동쪽 마루에 배를 드러내놓고 식사를 하면서^{東床坦}
^{腹食} 듣지 못한 척하였습니다"하고 고했다. 치감이 "그가 바로 좋
은 사윗감이다!" 말하고 찾아가보니, 바로 왕희지였으며, 이에 그
를 사위로 삼았다.

王羲之, 字逸少, 司徒導之從子也. 祖正, 尙書郎. 父曠, 淮南太守.
元帝之過江也, 曠首創其議. 羲之幼訥於言, 人未之奇. 年十三, 嘗謁
周顗, 顗察而異之. 時重牛心炙, 坐客未啖, 顗先割啖羲之, 於是始知
名. 及長, 辯贍, 以骨鯁稱, 尤善隷書, 爲古今之冠, 論者稱其筆勢, 以
爲飄若浮雲, 矯若驚龍. 時太尉郗鑒使門生求女婿于導, 導令就東廂
遍觀子弟. 門生歸, 謂鑒曰: "王氏諸少並佳, 然聞信至, 咸自矜持. 惟
一人在東床坦腹食, 獨若不聞." 鑒曰: "正此佳婿邪!" 訪之, 乃羲之
也, 遂以女妻之.

이 고사를 따서, 이후부터 결혼식이 끝난 뒤 신부 측에서 신랑친구
들에게 음식 대접하는 일을 '동상례'^{東床禮}라고 부른다. 일종의 결혼식
피로연인 셈인데, 피로연을 제대로 하려면 신랑 친구들은 왕희지처럼
모두 배를 드러내놓고 먹어야 하는 것 아닌가 하는 생각까지 해보게
된다. 「왕희지전」은 이어진다.

왕희지는 도가^{道家}의 복식양생^{服食養性}을 좋아하여, 수도인 경사^京
^師에 있기를 좋아하지 않았다. 처음 절강^{浙江}으로 건너가자, 거기서
여생을 보낼 마음^{終焉之志}이 생겼다. 훗날 벼슬을 관두고 회계^{會稽}에
내려가 사는데, 회계에는 산수가 아름답고, 명사들이 거처하고 있
었으며, 훗날 명재상^{名宰相}으로 이름을 날리는 사안^{謝安}도 당시에는

소흥紹興의 '서성고리'書聖故里. 왕희지가 살던 옛날 마을 내 '묵지'墨池. 왕희지가 서예를 연습하느라 붓을 씻어 연못물이 모두 검어졌다는 일화가 전한다.

벼슬길에 나가지 않고 거기에 거처하고 있었다. 문장가로 이름난 손작孫綽: 오吳나라 손권孫權의 후예, 시인인 이충李充, 도인道人인 허순許詢, 승려 지둔支遁 등 당시를 주름잡던 인사들과 더불어 어울렸으니, 동토東土 땅에 집을 짓고 같이 교류하였다. 일찍이 뜻이 맞는 친구들과 난정에 모여 연회를 여니, 왕희지 자신이 서문을 써서 그 뜻을 펴 보였다.

義之雅好服食養性, 不樂在京師, 初渡浙江, 便有終焉之志. 會稽有佳山水, 名士多居之, 謝安未仕時亦居焉. 孫綽, 李充, 許詢, 支遁等皆以文義冠世, 並築室東土, 與義之同好嘗與同志宴集于會稽山陰之蘭亭, 義之自爲之序以申其志.

왕희지는 도교에 매우 심취하였던 것으로 기록에 나와 있다. 비단 왕희지 자신뿐 아니라 낭야 왕씨 집안 자체가 대대로 도교를 믿는 독실한 집안이었다. 당시의 도교는 특히 서예와도 밀접한 관련이 있었는데, 당시 도교의 영수領袖들이 모두 서예를 잘하였으며, 또한 서예의 대가들이 모두 도교를 받드는 세가世家 출신들이었다고 한다.[6] 따라서 왕희지가 서예에 힘쓴 것은 단순히 서예가 좋아서 하는 차원이 아닌, 일종의 '도교적 수양행위'였던 셈이다.

그는 또 거위鵝를 매우 좋아하였다고 한다. 거위는 도교와 관계는 없으나, 거위의 목이 길고 유연하며 변화무쌍하여, 이러한 거위의 목을 보면서 서세와 서예의 획에 대한 영감을 얻었다고 한다. 『진서』의 기록이 이어진다.

6 　이승연, 「왕희지의 도교관과 서예」 참조.

난정에 있는 아지鵝池 즉 거위 연못. 첫 번째 글자인 '아'鵝는 왕희지가 쓰고, 두 번째 글자인 '지'池는 아들이자 '이왕'二王으로 겸칭되는 왕헌지가 썼다고 한다. '아'자는 날씬한 '여윈 획'瘦劃인 반면 , '지'자는 두툼한 '살찐 획'肥劃으로 대조를 이룬다. 왕희지가 워낙 거위를 좋아하여 이 연못에 거위를 키웠는데, 어느 날 '아지'란 글자를 써서 비석을 세우리라 마음먹고, 첫 글자인 '아'자를 썼을 때, 비석을 세우는 석공이 도착하니, 그를 맞으러 나간 사이, 아들인 헌지가 '지'자를 써놓았다. 연후 돌아와 이를 본 왕희지가 연신 "좋구나!"를 연발하였다고 전해진다.

그는 또한 성품이 거위를 좋아하였다. 마침 회계會稽의 혼자 사는 노파가 거위를 키우는데 그 소리가 아름다워 시장에서 구할 수 없다는 말을 듣고, 친구와 더불어 보러갔더니, 노파가 왕희지가 온다는 소문을 듣고 잡아서 음식으로 내놓자, 몇 날 며칠을 탄식하였다. 또한 산음山陰에 도사 한 사람이 좋은 거위를 키운다는 말을 듣고 찾아가 보고는 기뻐하며 자신에게 팔라고 하자, 도사가 "『도덕경』道德經을 한 부 써주시면, 여러 사람 앞에서 서로 증정합시다" 하니, 기뻐하며 써주고는 거위를 새장에 넣어 돌아왔으매, 거위를 좋아함이 그와 같았고, 그 성격의 진솔함이 그와 같았다. 또한 문하생들의 집을 방문하여 그 책상이 치워져 있으면, 그 자리에서 글을 써 보였는데, 해서楷書와 초서草書가 반반씩이었다. 또한 일찍이 즙산蕺山에 있을 때 한 노파가 부채를 파는데 잘 팔지를 못하자, 지나가다가 이를 보고는 글씨를 써서 주고는 "왕우군王右軍의 글씨이므로, 100전百錢은 받아야 합니다" 라고 말하게 했다. 사람들이 다투어 사가자, 다른 날 노파는 고마움에 부채를 들고 다시 찾아왔는데, 왕희지는 웃으며 아무 말도 하지 않았다. 세상이 그의 글을 소중히 여김이 대략 그와 같았다.

性愛鵝, 會稽有孤居姥養一鵝, 善鳴, 求市未能得, 遂攜親友命駕就觀. 姥聞羲之將至, 烹以待之, 羲之嘆惜彌日. 又山陰有一道士, 養好鵝, 羲之往觀焉, 意甚悅, 固求市之. 道士云: "爲寫『道德經』, 當擧群相贈耳." 羲之欣然寫畢, 籠鵝而歸, 甚以爲樂. 其任率如此. 嘗詣門生家, 見棐幾滑淨, 因書之, 眞草相半. 又嘗在蕺山見一老姥, 持六角竹扇賣之. 羲之書其扇, 各爲五字. 姥初有慍色. 因謂姥曰: "但言是王右軍書, 以求百錢邪." 姥如其言, 人競買之. 他日, 姥又持扇來, 羲之笑而不答. 其書爲世所重, 皆此類也.

'아지'鵝池의 거위들. 약 1660년 전 왕희지도 이 연못의 거위들을 보고 서예의 획에 대한 영감을 얻었을 것이다.

소흥紹興의 '서성고리'書聖故里 내 왕희지와 부채 팔던 노파를 표현한 조각.

왕희지가 부채에 글씨를 써주었다는 다리, 제선교題扇橋.

이상이 왕희지에 관한 기록이다. 왕희지에게는 아들이 모두 일곱 명이 있었는데, 그중 『진서』에 이름이 나오는 아들은 모두 다섯 명이다. 현지玄之, 응지凝之, 휘지徽之, 조지操之, 헌지獻之가 그들인데[7], 이중 휘지와 헌지가 빼어났던 인물로 전해진다. 그중에서도 서예로 아버지인 왕희지에 못지않은 이름을 날린 사람이 바로 마지막 7남인 왕헌지인데, 아버지인 왕희지와 더불어 '이왕'二王으로 겸칭된다. 원래 뛰어난 서예가는 수십 년 각고의 세월 끝에 탄생되기 때문에 "청년 문장은 있으나, 청년 명필은 없다"라고 말을 하지만, 워낙 명필 가문에서 태어나서인지, 그는 어릴 때부터 서예가로서의 이름을 얻는다. 헌지에 관한 고사가 「왕희지전」에 다음과 같이 전한다.

　헌지의 자字는 자경子敬으로 어려서부터 이름을 얻었으며, 성격이 고매하고 거침이 없어, 하루 종일 아무 일 않고 있어도 행동거지가 흐트러짐이 없었으니, 당시 풍류로는 최고라고 일컬음을 받았다. 몇 살 되지 않았을 때, 왕희지의 문하생 몇이서 모여 앉아 노름樗蒲을 하고 있었는데, 노름이 잘 풀리지 않던 문생의 어깨 너머로 이를 보던 헌지가 "남풍불경南風不競[8]이군"이라고 훈수를 두자 문생이 "이 어린아이가 대롱으로 표범을 보고 있네管中窺豹. 그러니 표범의 점 하나만 볼 밖에"라고 말했다. 화가 난 헌지는 "제가 견

7　이외에도 숙지肅之와 환지渙之가 있었던 것으로 보인다. 강필임, 「동진 '난정시' 연구」, 『중국문학연구』23권, 99쪽.

8　남풍불경南風不競: '남풍'南風은 중국 "양자강 남쪽 지방의 음악"이라는 뜻이며 '불경'不競은 "힘이 없다"는 뜻으로, 본디 남쪽의 음악은 여성스러워 여리고 생기가 결여되어 있다는 말로 "세력이 미미함"을 뜻한다.

해가 짧다고 한다면, 아마도 멀리로는 순봉정荀奉倩[9]도 부끄러워하고, 가까이는 유진장劉眞長[10]께서도 부끄러워하실 겁니다"라고 말하고는 옷을 떨치고 가버렸다. 하루는 형인 휘지, 조지와 함께 사안에게 인사를 드리러 갔는데, 두 형은 세상 돌아가는 이야기 등으로 말을 많이 하였으나, 헌지는 인사寒溫만 드리고는 아무 말없이 있다가 돌아갔다. 나중에 어떤 객客이 사안에게 "왕씨 집안 아들 중에 누가 나으냐?"고 묻자, 사안이 "막내가 가장 뛰어나다"고 대답하였다. 그 이유를 다시 묻자, "『역경』易經에 이르길, '길한 사람은 말이 적다'吉人之辭寡 하였는데, 막내가 말이 적으니 그런 줄 알겠음이라"라고 답하였다. 하루는 형인 휘지와 한방에 있다가 불이 났는데, 휘지는 신발도 신지 않고 뛰쳐나온 반면, 그는 놀란 기색 없이 사람들을 불러 부축을 받으며 나왔다. 또 하루는 서재에서 자는데, 도둑이 들어 물건을 훔쳐가자 일어나 도둑에게 "특히 그 푸른색 담요靑氈는 우리 집에서 오래된 중한 물건이니氈靑舊物 빠뜨리지 말게"라고 말하니, 도둑이 크게 놀라 달아났다. 그는 초서와 예서隷書에 능했으며, 그림도 잘 그렸다. 7~8세 무렵 서예를 배우기 시작할 때, 아버지인 왕희지가 몰래 뒤로 가서 붓을 잡아당겼으나 그는 붓을 놓지 않았다. 이에 왕희지가 "이 아이 또한 훗날 큰 이름을 얻겠구나"라고 말하였다.

獻之字子敬. 少有盛名, 而高邁不羈, 雖閒居終日, 容止不怠, 風流

---

9 삼국시대 위魏 순찬荀粲. 자字는 봉정奉倩. 글재주가 뛰어났으며, 도가에 밝았다.
10 동진東晉 패沛 땅의 유담劉惔. 자字는 진장眞長이다. 성품이 고아하였으며, 아버지인 왕희지의 친구다.

爲一時之冠. 年數歲, 嘗觀門生樗蒲, 曰: "南風不競." 門生曰: "此郎
亦管中窺豹, 時見一斑." 獻之怒曰: "遠慚荀奉倩, 近愧劉眞長." 遂拂
衣而去. 嘗與兄徽之, 操之俱詣謝安, 二兄多言俗事, 獻之寒溫而已.
旣出, 客問安王氏兄弟優劣, 安曰: "小者佳." 客問其故, 安曰: "吉人
之辭寡, 以其少言, 故知之." 嘗與徽之共在一室, 忽然火發, 徽之遽
走, 不遑取履. 獻之神色恬然, 徐呼左右扶出. 夜臥齋中而有偸人入
其室, 盜物都盡. 獻之徐曰: "偸兒, 氈靑我家舊物, 可特置之." 群偸
驚走. 工草隷, 善丹靑. 七八歲時學書, 羲之密從後掣其筆不得, 歎曰:
"此兒後當複有大名."

위의 글은 '관중규표'管中窺豹: 대롱 구멍으로 표범을 본다라는 고사성어가
나온 이야기로 좌정관천坐井觀天과 같은 의미다. 또한 '아끼는 귀한 물
건'이란 의미의 '청전구물'靑氈舊物: 전해오는 푸른 담요이란 성어도 등장한
다. 한편 왕헌지와 왕희지의 글씨에 관한 또 다른 일화는 손과정孫過庭
의 『서보』書譜에도 아래와 같이 나온다.

사안은 본래 척독尺牘: 편지글을 잘 썼는데 자경子敬: 왕헌지의 글씨
를 경시했다. 자경이 솜씨껏 글씨를 써서 사안에게 보냈다. 당연히
잘 보관하여 두려니 했는데 정작 사안은 자경이 보낸 편지 여백에
대수롭지 않게 답글을 써서 보내었다. 자경은 이를 몹시 한스럽게
여겼다. 어느 날 사안이 자경에게, "그대와 우군右軍: 왕희지의 글씨를
비교하면 어떠냐?"고 물었다. 자경이 "물론 내가 더 낫습니다" 하
고 답했다. 사안이 "세간의 평은 그렇지 않다"고 말하자, "요즘 세
상 사람들이 무엇을 알겠습니까?"라고 대답하였다.

난정에 있는 '태'太자 비석. 왕헌지가 큰 대大자를 쓰고 자리를 비운 사이, 아버지인 왕희지가 지나가다 가운데에 점 하나를 찍고 가니, 나중에 어머니가 보고 "가운데 점 하나만 제대로 썼구나"라고 한 전설을 조형화한 것이다. 왕헌지는 이후 더욱 각고의 노력을 기울여 마침내 아버지와 함께 '이왕'으로 불리는 서예가 반열에 오른다.

謝安素善尺牘, 而輕之敬之書. 子敬嘗作佳書與之, 謂必存錄, 安輒題后答之, 甚以爲恨. 安嘗問敬: "卿書何如右軍?" 答云: "故當勝." 安云: "物論殊不爾." 子敬又答: "世人哪得知."

왕헌지가 얼마나 대단한 서예가였는지를 알 수 있는 대목이 우리나라 추사秋史 김정희金正喜의 『완당전집』阮堂全集 제8권 「잡지」雜識 편에도 나온다.

진晉·송宋의 사이에는 세상이 헌지의 글씨를 중히 여기고 우군의 글씨는 도리어 중히 여기지 않았다. 양흔羊欣: 송나라 서예비평가이 자경의 정예正隷: 예서의 표준에 부합하는 서체 글씨를 중히 여기니, 세상이 모두 존중하였던 것이다.

晉宋之間. 世重獻之書. 右軍書反不見重. 羊欣重子敬正隷書. 世共宗之.

한편, 왕희지의 아들 중 비록 글씨로는 왕헌지만큼 이름이 나지 않았지만, 성격이 독특하여 많은 일화를 만들어낸 또 한 명의 인물이 바로 왕희지의 5남인 왕휘지다. 「진서」에 전하는 그의 일화를 소개하면 다음과 같다.

휘지의 자字는 자유子猷다. 성격이 빼어나면서도 자유분방하였다. 대사마大司馬 환온桓溫의 참군參軍을 할 때, 머리를 빗지 않고 허리띠도 두르지 않은 채 일을 제대로 돌보지 않았다. 환충桓沖의 기병참군騎兵參軍을 할 때, 한번은 환충이 "경卿은 어디 소속인가?"라고 물으니, "마조馬曹 비슷한 소속 같습니다"라고 대답하였다. 또한 "몇 마리 말을 관리하는가?"라고 묻자, "말을 제대로 모르는데, 그 숫자는 세어 무엇 하겠습니까?"라고 대답하였다. 이어서 "말이 전에 비해 죽는 것이 많은가 적은가?"라고 묻자, "사는 것을 모르는데, 죽는 것을 어찌 알겠습니까?"라고 대답하였다. 또 하루는 환충을 수행하는데 폭우를 만나자 말에서 내려 마차 안으로 밀고 들어와서는, "어찌 혼자서 마차를 멋대로 타실 수 있습니까?" 하였다. 환충이 그의 이러한 태도가 못마땅한 나머지, 하루는 그를 보고, "경도 벼슬한 지 이제 제법 되었으니, 마땅히 윗사람을 존대하여야 하지 않겠는가比當相料理[11]?"라고 말하자, 처음엔 아무 대답 없이 하늘을 바라보다가, 이윽고 탁자를 짚고 일어나며 "서산에 아침이 오니, 그 기운이 상쾌하도다西山朝來 致有爽氣"라고 천천히 말하였다.

徽之字子猷. 性卓犖不羈, 爲大司馬桓溫參軍, 蓬首散帶, 不綜府事. 又爲車騎桓沖騎兵參軍, 沖問: "卿署何曹?" 對曰: "陰似是馬曹." 又問: "陰管幾馬?" 曰: "陰不知馬, 何由知數!" 又問: "陰馬比死多少?" 曰: "陰未知生, 焉知死!" 嘗從沖行, 値暴雨, 徽之因下馬排入車中, 謂曰: "陰公豈得獨擅一車!" 沖嘗謂徽之曰: "陰卿在府日久, 比當相料理." 徽之初不酬答, 直高視, 以手版柱頰云: "陰西山朝來, 致有爽氣耳".

이 고사에 나오는 '서산조래 치유상기'西山朝來 致有爽氣란 구절은 자

---

11 요리料理: 존대한다는 뜻으로 육조六朝시대에 쓰던 구어체 단어다. 송나라로 들어서면서 '지대'祗待란 단어로 바뀐다.

경복궁 집옥재의 주련柱聯. 오른쪽이 왕휘지의 고사에서 유래하는 '서산조래 치유상기'西山朝來 致有爽氣이다. 왼쪽은 '태화야벽 인문청종'太華夜碧 人聞淸鐘, 즉 "화산華山의 밤하늘엔 푸른 기운 감돌고, 사람들 귀에는 맑은 종소리 들려온다"란 구절인데, 이 구절은 당나라 사공도司空圖의 「24시품詩品」 중 다섯 번째인 '고고' 高古를 시로 표현한 부분이다.

신은 벼슬에 뜻이 없고 속세를 훌쩍 초월하였음을 은유한다. 빼어난 기상을 표현한다 하여, 예부터 인용을 많이 한 구절로서, 우리나라 선비들에게도 사랑을 받아왔다. 그 일례로, 이 구절은 현재도 조선시대 경복궁景福宮 '집옥재'集玉齋에 있는 여섯 기둥의 주련 중 세 번째를 장식하고 있다.

왕휘지에 대한 더 유명한 고사는 아래와 같다. 그는 특히 대나무를 좋아하였는데 다음과 같은 일화가『진서』에 전한다.

당시 오吳나라 땅에 한 사대부가 좋은 대나무를 가꾼다는 말을 듣고, 휘지가 이를 보러 가서 죽림 아래 가마에 앉아 읊조리고 있으니, 주인이 마당을 쓸다가 들어와 앉기를 권했으나 들은 척도 하지 않았다. 주인이 나중에 출타하여 문을 걸어 잠그니, 비로소 탄식을 하고 자리를 떴다. 한번은 남이 비워둔 집에 기거하고 있었는데, 집 주위에 대나무를 심었다. 사람들이 자신의 집도 아닌데 왜 대나무를 심느냐고 묻자 "하루라도 이 군자此君를 보지 않고 어찌 견딘단 말인가!"라고 답하였다. 또 한 번은 산음山陰에 거주할 때, 밤에 눈이 오다 그치고, 달빛이 밝아 사방이 흰색으로 덮여 있자, 혼자 술잔을 기울이며 좌사左思의「초은시」招隱詩를 읊고 있다가, 갑자기 친구인 대규戴逵: 중국 동진의 문인화가가 생각났다. 당시 대규는 섬계剡溪 땅에 살고 있어서, 한밤중에 작은 배를 타고 밤새도록 갔다가, 문전에 이르기 직전에 배를 돌려 돌아왔다. 사람들이 어인 연고인지 묻자, "흥이 일어나 갔다가, 흥이 다하자 돌아온 것일 뿐乘興而行 興盡而反 반드시 안도安道: 대규의 자字를 보아야 할 필요가 있겠는가?"라고 하였다. 성품이 고아하고 거침이 없었으며, 음악과 여자를 좋아했다. 하루는 동생인 헌지와 함께『고사전』高士傳의 찬贊을 품평하였다. 왕헌지는 '동한東漢의 은사 정단丼丹의 고결함'을 칭찬하였으나, 왕휘지는 "사마상여司馬相如가 세상을 오시傲視한 것만 같지 않다"고 하였다. 그의 성격됨이 이러하여, 당시 사람들은 그의 재주는 아꼈으되, 그의 행동은 좋아하지 않았다.

時吳中一士大夫家有好竹, 欲觀之, 便出坐輿造竹下, 諷嘯良久. 主人灑掃請坐, 徽之不顧. 將出, 主人乃閉門, 徽之便以此賞之, 盡歡而去. 嘗寄居空宅中, 便令種竹. 或問其故, 徽之但嘯詠, 指竹曰: "何可一日無此君邪!" 嘗居山陰, 夜雪初霽, 月色清朗, 四望皓然, 獨酌酒詠左思「招隱詩」, 忽憶戴逵. 逵時在剡, 便夜乘小船詣之, 經宿方至, 造門不前而反. 人問其故, 徽之曰: "本乘興而行, 興盡而反, 何必見安道邪?" 雅性放誕, 好聲色, 嘗夜與弟獻之共讀「高士傳贊」, 獻之賞井丹高潔, 徽之曰: "未若長卿慢世也." 其傲達若此. 時人皆欽其才而穢其行.

앞에 소개한 왕휘지의 고사는 매우 유명하다. 여기서 훗날 대나무를 지칭하는 '차군'此君이란 유명한 단어가 탄생하였다. 우리나라에도 대나무 숲이 있는 정자에 '차군정'此君亭 또는 '차군헌'此君軒 등의 당호堂號를 붙여놓은 것을 볼 수 있는데, 모두 이 고사에서 유래된 것이다.

또한 왕휘지가 그의 친구인 대규는 눈 오는 밤에 갑자기 보러간 고사에서, '승흥이행'乘興而行: 흥이 일어나 감이란 성어가 나오고, 또 친구인 대규가 살던 섬계剡溪를 따서 '섬계흥'剡溪興: 섬계에서의 흥 또는 '섬계회도'剡溪廻棹: 섬계에서 배를 돌림 등의 고사성어가 나왔다.

마지막으로, '차군'此君이란 단어를 더욱 유명하게 만든 소동파의 「녹균헌」綠筠軒이란 시를 소개한다.

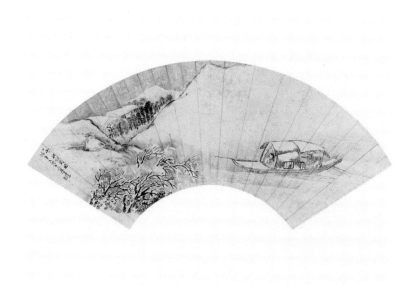

청대淸代 화가 왕소王素의 「설야방대도」雪夜訪戴圖 선면扇面. 중국 상해박물관 소장.

식사에 고기가 없을 수는 있어도

사는 곳에 대나무는 없을 수 없네.

고기가 없으면 사람을 야위게 하지만

대나무가 없으면 사람을 속되게 한다오.

사람이 야위면 살찌울 수는 있으나

선비가 속되면 고칠 수가 없는 법.

옆 사람 이 말을 비웃으면서

고상한 것 같으나 어리석다 말하지만

대나무를 앞에 두고 고기를 실컷 먹는다면

세상에 어찌 '양주학'揚州鶴이란 말이 있었겠는가.

可使食無肉

不可居無竹

無肉令人瘦

無竹令人俗

人瘦尙可肥

士俗不可醫

傍人笑此言

似高還似癡

若對此君仍大嚼

世間那有揚州鶴

이 시에 나오는 '양주학'揚州鶴이란 단어에 대한 설명이 필요할 듯하다. 옛날에 어떤 자리에서 손님들이 서로 노닐면서 각자 자신의 소원을 말했다. 어떤 자는 양주자사揚州刺史가 되기를 원하고, 어떤 자는 재물이 많기를 원하고, 또 어떤 자는 학鶴을 타고 하늘에 오르기를 원하였다. 그러자 그중 한 사람이 "나는 허리에 10만 관貫의 돈을 차고 학을 타고서 양주의 하늘을 오르고 싶다"고 말했다. 그러니 이 말은, 양주자사라는 관직과 10만 관의 돈과 학을 타고 하늘에 오르는 신선이 되겠다는 욕망을 모두 가지려는 것으로, 실현 불가능한 욕심을 나타내는 용어로 쓰인다. 남조南朝 양梁나라 은예殷芸의 『소설』小說에 나오는 단어다.

소쇄瀟灑의 의미

이 글에서는 '소쇄'瀟灑를 다루겠다. 주제인 난정蘭亭에서 벗어난 이야기가 될 수도 있는데, 왜 이 주제를 다루는지는 뒤에서 밝히겠다. 먼저 '소쇄'의 의미를 살펴보자. '소'瀟는 '맑다'는 뜻이고, '쇄'灑는 '깨끗하다' '물을 뿌리다' 등의 의미로서, 이 두 글자를 합치면 '맑고 깨끗하다'는 뜻이 된다. 이 단어는 여기에서 한걸음 더 나아가 사람의 인격이 맑고 깨끗하여 탈속脫俗한 듯하는 경우에 쓰는 용어가 되었다. 담양 '소쇄원'瀟灑園에 가본 분도 있을 것이다. 오래전부터 가보고 싶은 곳으로 이곳을 점찍어 두었다가 몇 년 전 여름 가족들과 들를 기회가 있었는데, '소쇄'란 단어가 더할 나위 없이 잘 어울린다는 느낌을 받았다. 『한국민족문화대백과』에서 이 '소쇄원'에 대한 자료를 찾아보면 다음과 같이 소개되어 있다.

소쇄원은 중종中宗 때 처사處士 양산보梁山甫가, 은사 조광조趙光祖가 남곤南袞 등의 훈구파에게 몰려 전라남도 화순 능주로 유배되자, 세상의 뜻을 버리고 낙향하여 향리인 지석마을에 숨어 살면서 계곡을 중심으로 조영한 원림園林이다. 양산보의 은둔생활隱遁生活 중

소쇄원의 여름 전경. 전남 담양군 남면 지곡리 소재. 앞에 보이는 것이 광풍각光風閣이다.

인 1520년부터 1557년 사이에 조성된 것이다. 소쇄원의 '소쇄'는 본래 공덕장孔德璋의 「북산이문」北山移文에 나오는 말로 깨끗하고 시원함을 의미한다. 양산보는 이러한 명칭을 붙인 정원의 주인이라는 뜻에서 자신의 호를 소쇄옹瀟灑翁이라 하였다.

이 '소쇄'란 단어가 공덕장의 「북산이문」에서 유래되었다는 말은 위에 인용한 『한국민족문화대백과』 이외에 이향준의 「양산보梁山甫의 소쇄기상론瀟灑氣象論」 등 국내의 많은 자료에서 공히 밝히고 있는 내용이다. 그렇다면 공덕장의 「북산이문」 내용은 무엇인가.

남조 제齊나라 때 사람인 공덕장의 친구 주옹周顒이 처음에는 북산北山에 은거하다가 나중에 뜻을 바꾸어 벼슬길에 나간다. 벼슬 후 주옹이 북산으로 돌아오려 하자, 공덕장이 북산 신령神靈의 뜻을 가탁假託해서, 거짓 은자 주옹의 입산을 금지한다는 이문移文: 관공서 사이의 공식문서을 써서 산마루 돌에 새긴다는 내용이다. '소쇄'란 단어는 다음의 구절에 나온다.

무릇 은자隱者라면 지조와 절개가 세속에서 빼어나다는 표식이 있어야 하고, 마음이 씻은 듯이 맑고 깨끗하여 홍진을 뛰어넘는 기상이 있어야 한다.

夫耿介拔俗之標, 蕭灑出塵之想.

이 '소쇄'란 단어가 공덕상의 「북산이문」에서 유래되었다는 말은 맞는 말일까. 틀렸다고 할 수도 없지만, 맞다고도 할 수 없다. 왜냐하면 「북산이문」에 나오는 '소쇄'蕭灑와 '소쇄원'瀟灑園의 '소쇄'瀟灑는 글자가 다르기 때문이다.

글자의 변천을 살펴보자. 남북조 당시 사용되던 '소쇄'蕭灑란 단어가 당나라로 들어오면서 '소쇄'瀟灑로 바뀐다. 즉, '쓸쓸할 소'蕭가 '맑을 소'瀟로 바뀌는데, 이 '맑을 소'瀟를 사용한 '소쇄'瀟灑란 단어를 최초로 사용한 사람은 우리가 잘 아는 이백李白이다. 이백은 「왕우군」王右軍이란 시에서 왕희지를 그리며 다음과 같이 '소쇄'를 사용한다.

왕우군王右軍은 본래 청진하니
'소쇄'함이 세속의 풍진 속에 있는 듯하도다.

右軍本清真
瀟灑在風塵

이후 송宋, 원元, 명明을 거치면서 이 단어는 '소쇄'xiāo sǎ로 발음되며 '消灑, 消殺, 消煞, 消撒, 瀟颯, 蕭殺, 蕭煞, 蕭颯' 등의 단어들로 조금씩 변모되어 나간다. 중국의 경우, 이처럼 발음이 동일한 다른 글자형태로 조금씩 바뀌어가는 경우는 매우 일반적이다.

문제는 남북조 당시 사용되던 '소쇄'란 단어의 원전原典이 과연 무엇인가인데, 최소한 공덕장의 「북산이문」보다 앞서는 자료가 확인된다. 그 자료는 바로 동진시대 왕희지, 사안謝安 등의 난정연회 무렵 유명 인사들의 말을 기록한 『세설신어』世說新語다. 『세설신어』는 동진시대의 기록을 남조 송宋나라 유의경劉義慶이 편찬한 것으로, 남조 제齊나라 때 공덕장孔德璋: 447~501보다 매우 앞선다. 이 『세설신어』「상예」賞譽 편을 보면, 다음과 같은 구절이 나온다.

왕헌지가 사안을 보고 "공公께서는 참으로 '소쇄'蕭灑하십니다!"

라고 말하였다. 그러자 사안이 "이 몸은 '소쇄'하지 못하다네. 그대
가 이 몸을 '소쇄'하다 표현하여 최고로 추켜세워 말하지만, 이 몸
은 정작 스스로 활달^{調暢}한 정도밖에 되지 않네"라
고 대답하였다.

> 王子敬語謝公: "公故蕭灑!" 謝曰: "身不蕭灑, 君道身最得, 身正自
> 調暢."

즉, 이 글에 따르면, '소쇄'는 왕희지의 7남이자 이왕^{二王}의 한 사람
인 왕헌지가 동진의 재상인 사안의 성품을 묘사하는 최고의 칭송으로
처음 사용한 단어로 등장한다.

이상의 글들을 통해, '소쇄'란 단어가 한 사람의 인격을 나타내는 최
고의 표현임을 살펴보았다. 그렇다면 이러한 칭송을 받은 사안이란 인
물은 누구인가. 중국 역사상 가장 위대했던 명재상^{名宰相} 중 한 명으로
손꼽히며 밖으로는 나라를 구하였고 안으로는 가문을 반석 위에 올려
놓았으며 왕희지가 주최한 난정연회 당시 아무런 벼슬을 하지 않았지
만 모든 사람이 극도의 존경을 표명한 인물이다. 사안에 대해 다음 장
에서 자세히 살펴본다.

풍류소쇄風流瀟灑의 재상, 사안

「난정서」蘭亭序 주역의 한 사람인 사안謝安: 320~385은 동진東晉 역사 상 가장 유명한 인물 가운데 하나다. 동진시대 유명했던 사람들의 어록들을 모아놓은 『세설신어』世說新語에는 사안이 115회나 언급된다. 책에 실린 전체 등장인물들 중 그 빈도가 가장 많다는 사실 자체가 바로 그가 얼마나 동진의 역사상 중요한 인물이었는지를 알려주고 있다. 중국의 역대 재상宰相들 가운데 가장 뛰어난 재상으로 꼽히는 인물들 중 하나라고 평가받는 그는, '풍류소쇄風流瀟灑의 재상'이란 평가를 받고 있다. 중국의 역사소설가 유아여劉雅茹 선생의 글인 「중국 역사상 최고 풍류의 재상」中國歷史上最風流的宰相의 일부를 소개한다.

중국 역사상 유명한 재상들은 각자 독특한 점들이 있다. 모두 그 나름대로의 독특한 트레이드 마크가 있다. '국궁진췌'鞠躬盡瘁, 즉 마음과 몸을 다하여 나라 일에 이바지하는 것이라면 누가 제갈량諸 葛亮을 따라올 것인가? '예의개혁'銳意改革, 즉 단단히 마음먹고 개혁을 단행하는 일이라면 왕안석王安石만 한 사람이 없다. '좌우봉원'左右逢源, 즉 도처에 수원水源을 얻듯 일이 모두 순조롭게 하는 일

중국 역사상 가장 유명한 재상 가운데 하나인 사안의 초상.

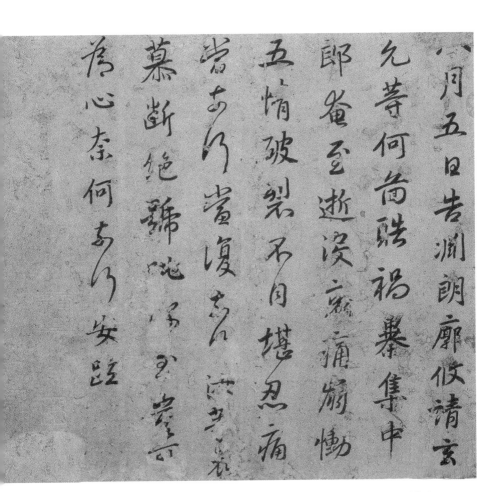

八月五日告淵朗廓伏清玄允等何皆酷禍暴集中郎奄至逝沒哀痛摧慟五情破裂不自堪忍痛當奈何當復奈何慕斷絕豏

為心奈何奈何安踈

사안의 행서 「팔월오일첩」八月五日帖. 중랑中郎이 갑자기 세상을 떠난 소식을 전하며, 감당하기 힘든 마음의 고통을 표현한 편지글이다. 첩지帖紙와 사용한 묵墨등을 분석해볼 때 사안의 진적眞跡은 아니며, 남송시대에 임모臨摹한 것으로 확인되었다. 대만 대북고궁박물원 소장.

이라면 왕도王導를 꼽아야 할 것이고, '돈적거기'囤積居奇, 즉 매점매석을 하여 돈을 모으는 것이라면 여불위呂不韋를 말해야 하며, '구밀복검'口蜜腹劍, 즉 입으로는 달콤함을 말하나 뱃속에는 칼을 감추고 있는 자로는 이임보李林甫를 따를 자가 없다. ……트레이드 마크는 각양각색이고, 그중 아무나 한 사람을 고르더라도, 그 인생의 오묘함을 연구하려면 최소한 몇 년은 걸릴 것이다. 그러나 이들같이 혹은 IQ가 아주 뛰어나고, 혹은 흉금이 남달리 넓은 엘리트들 중에서 유일하게도 한 사람은 트레이드 마크가 다른 사람들과는 다르다. 그리고 사람들의 부러움을 많이 사는데, 그는 바로 '풍류'風流라는 두 글자로 역사에 이름을 남긴 동진의 재상 사안이다. '풍류'라는 단어는 고대에는 보통 단어가 아니었다. 풍우란馮友蘭 선생[12]의 해석에 따르면 '풍류'라 함은 인격의 지극한 아름다움至美이고, 그것은 일종의 지고至高한 인생의 경지이다. 사안에 있어서 그것은 바로 커다란 공명을 당대에 거두면서도 자신의 진실한 성정性情을 잃지 않은 것이다. 이는 중국의 수천 년 역사동안 문인들의 마음속에서 가장 완벽한 이상향이었다. 그러나 이런 인생을 몇 사람이나 살아볼 수 있었겠는가. 바로 사안은 그들의 꿈을 이룩한 사람이다. 이태백李太白이 사안이라면 바로 고개를 숙이고, 일생동안 그를 우상으로 삼았다는 것도 과연 이해가 된다. 소동파蘇東坡, 육유陸游, 왕안석王安石등도 그들의 글에서 사안에 대한 존경을 드러내는 것을 잊지 않았다. 얼마 전에는『삼국지』三國志강의로 유명한 이중천易中天 신생도 "오로지 사안만이 진짜 천인天人이로다"라고 감탄한 바 있다. 의심의 여지없이, 사

---

12 풍우란馮友蘭: 1895~1990. 중국의 철학자.

안은 동진 왕조의 거목이다. 동진의 경우, 앞에는 '좌우봉원'의 왕도王導가 있고, 뒤에는 '풍류소쇄'의 사안이 있다. 그리하여 백년왕조가 지탱하였던 것이다.

中國歷史上的著名宰相們, 說起來真是各有奇絶, 哪一個都有自己了不起的標籤. '鞠躬盡瘁'誰比諸葛亮; '銳意改革'無如王安石. '左右逢源'須推王導, '囤積居奇'得說呂不韋. '口蜜腹劍'無匹李林甫…… 標籤是五花八門, 拿出哪一位來, 那人生奧妙都夠研究上好幾年. 不過, 在這些或智商超群, 或城府過人的精英當中, 唯有一位名相, 他的標籤卻最與衆不同, 而又最讓人神往. 他就是以'風流'兩字名垂青史的東晉宰相─謝安. '風流'這個詞, 在古代可不是一個尋常的詞. 用馮友蘭先生的解釋; 風流, 是人格的至美, 那是一種至高的人生境界, 對謝安來說, 那就是─旣能成就大功名於當世, 卻還不失自己的眞性情. 這在中國幾千年的文人們心裡, 可是最完美的人生夢想了. 只是, 這樣的人生, 又有幾人能夠實現? 然而正是謝安, 圓了他們的夢. 難怪, 李白對謝安是佩服得五體投地, 一生都把他視爲偶像; 蘇軾陸游王安石等等, 也紛紛不忘在詩詞裡表達自己的仰望; 不久前, 易中天先生在品完三國後, 還寫文章感歎─"唯有謝安眞天人!" 勿庸置疑, 謝安是東晉王朝的中流砥柱. 前有'左右逢源'的王導, 後有'風流瀟灑'的謝安, 於是才保住了這個百年王朝.

우리는 이미 앞장에서 사안이 '소쇄'瀟灑하다고 불리웠음을 살펴보았다. 그러면 왜 유아여 선생은 그에게 또 '풍류'風流란 단어를 붙여주었을까. 이 '풍류'란 단어로 사안을 표현한 최초의 사람은 약 100여년 이후의 남조 제齊나라 왕검王儉이다. 그는 사안을 표현하여 '강좌[13]의 풍류재상은 오직 사안뿐이다'江左風流宰相 惟有謝安란 유명한 말을 남겼다. 그러면 사람들은 사안의 어떤 면이 '풍류'적이었다고 평가를 내리게 되었을까? 그의 어릴 적 일화가 다음과 같이 『진서』晉書에 전하고 있다.

사안이 4세 때 환이桓彝가 그를 보고 감탄하여 이르기를 "이 아이는 생김새가 뛰어나니 틀림없이 왕승王承의 뒤를 이을 것이다"라고 하였다. 자라나면서 깨우치는 것이 뛰어나고 침착하면서도 기민하며, 활달하면서도 흥이 있으며風宇條暢 행서行書를 잘 썼다. 20세 때 왕몽王蒙을 예방하여, 오랫동안 청담淸談을 나누다가 돌아갔다. 왕몽의 아들인 왕수王修가 "그 손님의 어디가 비범합니까?"하고 물었다. 왕몽은 "그 젊은이는 끈질긴 것이, 훗날 여러 사람들을 압도하겠더라"라고 답하였다.

安年四歲時, 譙郡桓彝見而歎曰: "此兒風神秀徹, 後當不減王東海." 及總角, 神識沈敏. 風宇條暢, 善行書. 弱冠, 詣王蒙, 清言良久, 旣去, 蒙子修曰: "向客何如大人?" 蒙曰: "此客亹亹, 爲來逼人." 王導亦深器之. 由是少有重名.

위의 '활달하면서도 흥이 있었다'風宇條暢란 글에서, 사안이 이미 어릴 적부터 '풍류'적 기질이 있었음을 보여주고 있다. 그는 또한 성격이

---

13 강좌江左: 고대 지리상 동쪽을 '좌'로 불렸으며, 따라서 '강좌'는 곧 '강동'을 뜻하였다. 즉 '강좌'는 '동진'의 이칭으로 사용되었다.

매우 침착하였는데, 그의 이런 침착한 성격과 풍류적 성격을 보여주는 일화를 『진서』晉書에서 소개하면 다음과 같다.

사안이 (동산東山에 은거하고 있을 때) 손작孫綽 등과 함께 바다에 배를 띄우고 유람을 하였다. 이때 바람이 거세어져서 풍랑이 크게 일자 모든 사람들이 두려움에 질려 있었으나, 사안 혼자 시를 읊조리며 태연자약하였다. 뱃사공이 사안의 태연자약함을 보고 배를 계속 몰아가니, 이윽고 바람이 잦아들었다. 그제서야 사안은 뱃사공을 향해 천천히 말하길, "이렇게 계속 가면 나중에 살아서 돌아가지 못할 텐데……"하니, 즉시 배를 돌렸다. 좌중들은 그의 기량에 모두 감복하였다. 사안은 도교에 심취해, 산수를 찾아다녔으나, 유람을 갈 때는 항상 기녀妓女를 데리고 다닐 정도로 풍류가 있었다.

嘗與孫綽等泛海, 風起浪湧, 諸人並懼, 安吟嘯自若. 舟人以安爲悅, 猶去不止. 風轉急, 安徐曰: "如此將何歸邪?" 舟人承言即回. 眾咸服其雅量. 安雖放情丘壑, 然每遊賞 必以妓女從.

당시 사안이 심취해 있었던 도교는 '청담'清談, 즉 고상한 철학적 이야기를 강조하고, '무위자연'無爲自然의 사상 아래에서 현실의 개입을 꺼리는 경향을 띠었다. 당시는 이러한 사상에 따라 벼슬을 사양하고 은거하여 사는 죽림칠현竹林七賢적 삶이 고고한 삶으로 추앙받았다. 사안은 이러한 사상에 매우 충실하여, 출사出仕를 고집스럽게 거절했는데, 그의 출사와 관련된 일화가 여럿 전한다.

난정연회의 주역이었던 왕희지와 사안이 출사에 관해 서로의 견해를 주고받은 다음의 일화가 『세설신어』에 전한다.

　왕희지와 사안이 함께 야성冶城에 올랐다. 사안이 도교적 생각에 젖어있자 왕희지가 말하길, "옛날 우禹임금은 정사에 여념이 없어 손발이 다 부르텄고, 주周 문왕文王은 나랏일에 바빠 밥도 제대로 먹지 못하고 일이 많아 하루가 모자랄 지경이었소. 오늘날은 사방에 보루를 많이 쳐놓았지만, 그래도 경각심을 가져야 할 때인데, 공허한 청담으로 나라 일을 제쳐놓는 것은 마땅한 일이 아닌 듯하오이다"라고 하였다. 사안이 대답하길, "천하를 통일한 진秦나라는 나라 일을 누구보다 열심히 한 상앙商鞅을 등용하였지만 2세二世만에 망하고 말았으니, 청담이 어찌 나쁘다고 할 수 있겠습니까?"하였다.

　王右軍與謝太傅共登冶城, 謝悠然遠想, 有高世之志. 王謂謝曰: "夏禹勤王, 手足胼胝, 文王旰食, 日不暇給. 今四郊多壘, 宜人人自效, 而虛談廢務, 浮文妨要, 恐非當今所宜!" 謝答曰: "秦任商鞅, 二世而亡, 豈淸言致患邪?"

또한 다음과 같은 일화가 『진서』에 전하고 있다.

　여러 차례 사안을 조정으로 불렀으나 끝내 나오지 않자, 당시 간문제簡文帝는 말하길, "안석安石:사안은 반드시 동산東山에서 나올 것이다. 그가 사람들과 더불어 즐기고 있으니, 또한 사람들과 더불어 근심을 같이하지 않을 수 없을 것이다"라고 하였다. 당시 사안의 동생인 사만謝萬이 서중랑장西中郎將의 중책을 맡고 있었으나, 출사하지 않고 있던 사안의 명성이 더 높았다. 자연히 언젠가 재상宰相의 지위에 오를 것이란 여론이 많았으나 집에서 자녀들의 교육에만 힘썼다. 사안의 처는 유담劉惔의 여동생으로 이미 사씨 가문의 부귀를 보았으나 사안은 홀로 물러나 지냈다. 이에 처가 말하길, "대장부가 어찌 출세를 하지 못하십니까?" 하였다. 그러자 마치 (더러운 냄새를 맡은 듯) 코를 감싸 쥐며 하는 말이, "다만 출세를 끝내 면하지 못할까 걱정일 뿐이오!"라고 하였다. 이후 동생 사만이 (전투에서 크게 패해 혼자만 살아 돌아와), 서인庶人으로 폐하여져 가문의 치욕을 당하자, 드디어 출사를 결심하니, 그때가 그의 나이 40여 세 때였다.

> 旣累辟不就, 簡文帝時爲相, 曰: "安石旣與人同樂, 必不得不與人同憂, 召之必至." 時安弟萬爲西中郎將, 總藩任之重. 安雖處衡門, 其名猶出萬之右, 自然有公輔之望, 處家常以儀範訓子弟. 安妻, 劉惔妹也, 旣見家門富貴, 而安獨靜退. 乃謂曰: "丈夫不如此也?" 安掩鼻曰: "恐不免耳." 及萬黜廢, 安始有仕進志, 時年已四十餘矣.

이처럼 사안이 벼슬을 고사하다 마침내 출사를 하자, 그에 대해 아니꼬운 마음을 가진 사람들도 적지 않았던 것으로 보인다. 예컨대 '원지'遠志란 약초명에 관한 일화가 다음과 같이 『세설신어』에 전한다.

사안이 동산에서 나와 환온桓溫 장군의 사마司馬 벼슬을 할 때였다. 어떤 사람이 약초가 든 건량 바구니를 환온 장군에게 바치니, 그 약초는 '원지'라 부르는 약초였다. 환온이 그 약초를 꺼내어 사안에게 보여주며 "이 약초의 이름을 '소초'小草라고도 부른다는데 어째서 한 가지 약초에 두 가지 이름이 있는 것이오?" 하니, 사안이 대답을 하지 못하였다. 그러자 학륭郝隆이란 장군이 답하기를 "그 이유는 아주 쉽습니다. 즉 산속에 숨어있을 때는 '원지'遠志: 원대한 뜻라고 불리지만, 바깥세상으로 나오면 '소초'小草: 그냥 작은 풀라 불리는 것입니다"고 말했다. 사안이 그 말을 듣고 나서 얼굴빛이 달라지니, 환온은 웃으면서 "학륭 참군參軍의 말이 과하지만, 악의가 없고 우연의 일치이니 이해하시오"라고 하였다.

謝公始有東山之志, 後嚴命屢臻, 勢不獲已, 始就桓公司馬. 于時人有餉桓公藥草, 中有 "遠志." 公取以問謝: "此藥又名 '小草', 何一物而有二稱?" 謝未即答. 時郝隆在坐, 應聲答曰: "此甚易解: 處則爲遠志, 出則爲小草." 謝甚有愧色. 桓公目謝而笑曰: "郝參軍此過乃不惡, 亦極有會."

또한 그가 첫 출정을 할 때의 풍경을 묘사한 다음의 일화도 『진서』에 전한다.

정서대장군 환온의 사마가 되어 신정新亭으로 출정할 때 조정의 관리들이 모두 나와 전송하였다. 당시 어사중승御使中丞 고송高崧이 비꼬는 말을 하길, "경은 누차 조정의 부름을 거절하고 동산東山에 고고하게 누워만 있어, 사람들이 매양 말하길, '안석安石이 세상에 나오지 않으니 장차 백성들은 어찌 할꼬?' 하였는데, 마침내 나왔으니 백성들이 이제 그대를 어찌하여야 하겠소?" 하니, 사안의 안색이 크게 변했다.

征西大將軍桓溫請爲司馬, 將發新亭, 朝士鹹送, 中丞高崧戲之曰:

"卿累違朝旨, 高臥東山, 諸人每相與言, 安石不肯出, 將如蒼生何!
蒼生今亦將如卿何!"安甚有愧色.

그러나 사안은 이러한 일각의 조소와 우려에도 불구하고 출사한 이
래 찬란한 역사를 써내려가게 된다. 그의 일생에서 가장 찬란한 시기
가 두 번 있었으니, 환온桓溫의 반역음모를 담담하게 저지한 것과, 전
진前秦의 백만 대군을 웃으면서 격퇴한 것이다. 먼저 환온의 반란 부분
에 대한 『진서』의 기록을 소개하면 다음과 같다.

간문제簡文帝: 동진의 8대 왕의 병이 심해지자 환온은 상소를 올려,
사안으로 하여금 유명遺命: 고명顧命을 받들도록 고명대신으로 추천
한다. 황제가 돌아가시자 환온桓溫은 선제先帝의 부고訃告를 핑계로
들어와, 신정新亭에 주둔한 후, 대규모 병력을 포진시키고 동진 왕
조를 전복시키려 하였다. 이에 사안 및 왕탄지王坦之를 불러, 죄를
씌워 죽이려 하니, 왕탄지가 심히 두려워하며 사안에게 대책을 묻
자, 사안은 낯빛 한 번 변하지 않고 말하길, "동진 왕조의 사직존망
이 이 한 번의 행차에 달려 있습니다."라고 하였다. 이윽고 환온을
만나니, 왕탄지는 땀이 흘러 옷을 적시고 수판手版: 고대 관리가 조회 때
들고 있던 홀笏을 뒤집어 들었으나 사안은 침착하게 자리에 앉아 환
온에게 말하길, "제가 알기로 도리를 아는 제후라면 마땅히 나라를
위해 사방을 지키고 있어야 하는데, 공께서는 어찌 병력을 벽 뒤에
두고 계십니까?" 하였다. 할 말이 없어진 환온은 웃으며 대답하길,
"내가 어찌 도리에 맞지 않는 짓을 할 리가 있겠소?" 하고는 이어
계속 담소를 이어갔다. 왕탄지는 본시 사안과 이름을 나란히 하였
지만, 이때부터 사람들은 왕탄지가 사안에 미치지 못함을 알게 되

었다. 환온은 일찍이 사안을 시켜 간문제의 시의謚議: 시호謚號를 내릴
때 짓는 문장를 짓게 한 후, 이를 사람들에게 보이며 말하길, "안석의
문장이야 말로 쇄금碎金처럼 아름답지 않소?"라고 하였다.

簡文帝疾篤, 溫上疏薦安宜受顧命. 及帝崩, 溫入赴山陵, 止新亭,
大陳兵衛, 將移晉室, 呼安及王坦之, 欲於坐害之. 坦之甚懼, 問計于
安. 安神色不變, 曰: "晉祚存亡, 在此一行." 旣見溫, 坦之流汗沾衣,
倒執手版. 安從容就席, 坐定, 謂溫曰: "安聞諸侯有道, 守在四鄰, 明
公何須壁後置人邪?" 溫笑曰: "正自不能不爾耳." 遂笑語移日. 坦之
與安初齊名, 至是方知坦之之劣. 溫嘗以安所作簡文帝謚議以示坐賓,
曰: "此謝安石碎金也."

이처럼 환온의 반역을 몸으로 막아낸 후, 환온이 세상을 뜨자 사안
은 373년 드디어 상서복야尙書僕射 지위에 올라 동진의 실권을 쥐게
된다. 이때 그에게 밀어닥친 또 하나의 국가적 위기가 있었으니, 그것
이 바로 호시탐탐 남하를 노리던 북조北朝와의 국가 존망을 건 대大전
투인 '비수대첩'淝水大捷이었다. 이 비수대첩은 중국 역사상 매우 중요
하고도 유명한 전투였다. 중국 역사상 유례없는 혼란기인 위진남북조
시대에, 찬란함을 자랑하던 남조南朝의 역사가 자칫하면 북쪽 이민족
들이 세운 왕조인 북조의 말발굽에 괴멸당할 뻔했던 가장 위험했던
순간이 바로 이 비수대첩이며, 전진前秦의 백만 대군을 단지 8만 명의
병력으로 막아낸 기적 같은 선투이기도 하다. 이 전부에서 남조를 구
해낸 사안은 안으로는 진군陳郡 사씨謝氏 가문을 반석위에 올려놓고,
밖으로는 온 나라의 존경을 한 몸에 받게 된다.『진서』에 나오는「비수
지전」淝水之戰 편을 다시 아래에 소개한다.

그때 전진왕前秦王 부견苻堅의 세력이 강해져 전장에서 걱정이 커졌으며, 실제 전투에서도 동진은 패퇴를 거듭하였다. 그러자 사안은 자신의 동생인 사석謝石및 형의 아들인 사현謝玄등을 파견해, 적시에 정벌에 나서 승리를 거두었다. 이 공적으로 사안은 위장군衛將軍및 개부의동삼사開府儀同三司의 벼슬에 오르고, 건창현공建昌縣公에 책봉된다. 그러나 부견은 기필코 동진을 정복해 천하를 통일하려는 생각에 백만 명의 대군을 친히 이끌고 회수淮水와 비수肥水 지역에 이르렀다. 그러자 동진의 경사京師: 수도는 공포에 휩싸여 사안에게 정토대도독征討大都督의 직분을 추가로 내린다. 사현이 경사에 들어와 계책을 묻자, 사안은 의젓이 두려운 기색 하나 없이 말하길, "별도의 지시가 있을 것이다"라고만 하였다. 분위기가 너무 숙연하여 사현은 감히 다시 묻지 못하였으나, 이내 장현張玄에게 명하여 다시 계책을 청하게 하였다. 그러자 사안은 갑자기 가마를 준비시켜 산의 별장으로 가서, 친지 및 친구들을 불러놓고는 사현과 더불어 자신의 별장을 걸고 내기바둑을 두자고 하였다. 사안은 본래 사현보다 바둑실력이 좋지 못했는데, 마음속으로는 안정을 찾지 못한 데다가, 맞바둑을 두니 이길 수가 없었다. 그러자 그는 다른 조카를 돌아다보며 "너의 별장을 제공할 용의는 없느냐" 하고 농담삼아 말했다. 이처럼 사람들의 마음을 안정시킨 후, 산책을 나갔다가 밤이 되어 돌아오자마자, 장수들을 임명하여 각자에게 임무를 맡기고 비수지전肥水之戰에 내보낸다. 이후, 사현이 겨우 8만의 병력으로 부견의 백만 대군을 격파하는 기적을 이루고, 승전의 소식을 전해오자, 사안은 그때도 객客과 더불어 바둑을 두고 있다가, 전해온 편지를 다 읽고는 책상 위에 올려놓고 아무런 기쁜 기색 없이 바둑을 계속 두었다. 객이 무슨 내용이냐고 묻자 그제야 천천히 대답하길, "어린아이들이 적을 격파하였다는군요"라고만 하였다. 바둑이 끝나 안으로 들어오는데, 문지방을 넘을 때 마음이 너무도 기쁜 나머지, 나막신의 이빨이 문지방에 부딪혀 부러졌는데도 이를 깨닫지 못하였으니, 사람들이 동요치 않게 진정시키려는 그의 마음 씀씀이가 이와 같았다. 이러한 공로로 그는 태보太保 벼슬에 올랐다.

時苻堅強盛, 疆場多虞, 諸將敗退相繼. 安遣弟石及兄子玄等應機征討, 所在克捷. 拜衛將軍, 開府儀同三司, 封建昌縣公. 堅後率眾, 號百萬, 次於淮肥, 京師震恐. 加安征討大都督. 玄入問計, 安夷然無懼色, 答曰: "已別有旨." 旣而寂然. 玄不敢複言, 乃令張玄重請. 安遂命駕出山墅, 親朋畢集, 方與玄圍棋賭別墅. 安常棋劣于于玄, 是日懼, 便爲敵手而又不勝. 安顧謂其甥羊曇曰: "以墅乞汝." 安遂遊涉, 至夜乃還, 指授將帥, 各當其任. 玄等旣破堅, 有驛書至, 安方對客圍棋, 看書旣竟, 便攝放床上, 了無喜色, 棋如故. 客問之, 徐答雲: "小兒輩遂已破賊." 旣罷, 還內, 過戶限, 心喜甚, 不覺屐齒之折, 其矯情鎮物如此. 以總統功, 進拜太保.

당시 사안이 세상 사람들로부터 얼마나 많은 사랑을 받았는지를 알 수 있는 다음과 같은 고사가 또한 『진서』에 전한다.

사안은 어릴 때부터 이름이 있어 사람들로부터 많은 사랑을 받았다. 마침 사안과 동향사람 하나가 여가 길에 서울로 왔다가 돌아가는 길에 사안을 예방하였다. 사안이 돌아갈 여비가 있느냐고 묻자, 그가 대답하길, "영남嶺南 지방이 경기가 좋지 않아, 포규선蒲葵扇: 파초 잎으로 만든 부채 5만 개만을 가지고 왔건만, 그나마도 계절이 맞지 않아 돈으로 바꾸지 못하고 있습니다" 하고 답하였다. 사안이 그중 하나를 골랐는데, 그러자 경사의 선비들이 앞다투어 그 부채를 찾는 바람에 시중 가격이 수배나 뛰었다. 사안이 본시 「낙하서생영」洛下書生詠: 낙양洛陽 서생書生의 노래이란 노래를 잘하였는데, 그가 콧병을 앓아 그 소리가 탁하였다. 경사의 명사들이 그 노래를 따라 하려 해도 잘 되지 않자, 코를 쥐고 코맹맹이 소리를 내서 따라 하기도 했다. 신성新城이 축조되자 성의 북쪽에 둑을 세우니, 훗날 사람들이 그를 추모하여 그것을 '소백召伯[14]의 둑埭'이라 칭했다.

安少有盛名, 時多愛慕. 鄕人有罷中宿縣者, 還詣安. 安問其歸資, 答曰: "有蒲葵扇五萬." 安乃取其中者捉之, 京師士庶競市, 價增數倍. 安本能爲洛下書生詠, 有鼻疾, 故其音濁, 名流愛其詠而弗能及, 或手掩鼻以斅之. 及至新城, 築埭於城北, 後人追思之, 名爲 '召伯埭'.

위의 고사에서 '낙하음'洛下吟 또는 '엄비'掩鼻 등의 성어가 나오는데, 모두 '뱁새가 황새 따라하려 한다'는 의미이다. 이처럼 그야말로 한 시대를 풍미했던 사안도 말년에는 탄압을 받는다. 효무제孝武帝의 동생인 회계왕會稽王 사마도자司馬道子가 동진 조정의 인사와 정권을 장악하고, 재상인 사안의 관직도 뺏고 지방으로 축출한다. 사안은 병이 깊어지자 상소를 올려 서울로 올라오길 청했고, 올라오자마자 세상을 떠나는데 이에 대한 『진서』의 기록은 다음과 같다.

---

14 소백召伯: 주周나라 문왕文王의 아들인 소공召公 석奭. 선정善政을 베풀었던 인물로 유명하다.

황제가 시중侍中을 파견하여 그를 위로하고, 다시 경사로 불렀다. 사안은 자신이 탄 가마가 서주문西州門으로 들어섰다는 말을 듣고는 문득 자신의 본래 뜻이 이루어지지 못함을 개탄하면서 하는 말이, "석년에 환온과 함께 할 때, 나는 항시 내가 완벽하지 못할까 두려워했다. 어느 날 홀연히 꿈을 꾸었는데 환온과 함께 가마를 타고 16리를 가니 흰 닭 한 마리를 보고 멈춘 적이 있었다. 이제 생각하니 환온의 가마를 탔다는 것은 그의 지위를 대신함이요, 16리라 함은 이제 그 위치에 오른 지 16년이라. 흰 닭은 유酉를 뜻하는데, 이제 목성太歲이 유酉에 있으니 나는 일어나지 못할 것이다" 하였다. ……갑자기 죽으니薨,[15] 나이가 예순 여섯이라, 임금께서 3일 동안이나 조당朝堂에 직접 와서, 동원東園의 비기秘器와 제후가 입는 옷 한 벌과 죽은 자에게 입히는 옷 한 벌, 돈 백만 금, 포목 천 필, 밀랍 500근을 하사하고, 태전太傅이라 증직하고, 문정文靖이란 시호를 내렸다. 그러나 (사마도자司馬道子의 방해로) 이러한 하사품들은 내려지지 않고, 집안의 상례喪禮로 준비하라는 임금의 조서가 별도로 내려졌다. 시체를 고향으로 옮겨 장사지냄에, 다른 예殊禮로 하니, 일찍이 반란을 꾀하다 죽은 대사마大司馬 환온의 예를 따랐다. 증직도 다시 고쳐 노능廬陵의 군공郡公으로 낮추었다.

詔遣侍中慰勞, 遂還都. 聞當輿入西州門, 自以本志不遂, 深自慨失, 因悵然謂所親曰: "昔桓溫在時, 吾常懼不全. 忽夢乘溫輿行十六裏, 見一白雞而止. 乘溫輿者, 代其位也. 十六裏, 止今十六年矣. 白雞主

---

15 홍薨: 제후의 죽음을 일컫는다. 사안은 비록 제후가 아니지만, 『진서』晉書 편찬자가 사안의 비중을 제후에 비견하고 있음을 뜻한다.

西, 今太歲在酉, 吾病殆不起乎!"……尋薨, 時年六十六. 帝三日臨
於朝堂, 賜東園秘器, 朝服一具, 衣一襲, 錢百萬, 布千匹, 蠟五百斤,
贈太傅, 謚曰文靖. 以無下舍, 詔府中備凶儀. 及葬, 加殊禮, 依大司馬
桓溫故事. 又以平苻堅勳, 更封廬陵郡公.

사안이 죽자, 자손들이 그의 묘비를 세우는데, 비문에 그 공적을 다
기록하면 오히려 화가 미칠까 보아 글자 한 자 새기지 않고 무자비無字
碑를 세웠다 한다.

마지막으로 이 뛰어났던 인물을 기리며 지은 이태백의 시를 아래에
소개하며 이 장을 마친다. 이태백李太白, 「영왕동순가」永王東巡歌 11수
가운데 제2수다.

삼천三川의 북녘 오랑캐, 삼 가닥 얽히듯 어수선하고
온 세상이 남으로 달아나니 영가永嘉 때 혼란과 같구나.
만일 동산의 사안을 오늘날 부를 수 있다면
담소 중에도 임금을 위해 오랑캐를 평정할 수 있을 텐데.

三川北虜亂如麻
四海南奔似永嘉
但用東山謝安石
爲君談笑靜胡沙

높은 산을 마음껏 바라보고
울창한 숲에 눈길을 주네.
푸른 담쟁이는 무성해서 멧부리를 가렸고
긴 대나무 우뚝한 산
흐르는 계곡물은 맑은 울림을 내니
마치 비파를 타듯 우는 소리일세.
영롱한 꽃은 물기를 머금었고
옅은 안개비 날려 어둑해지네.

·사만謝萬

肆眺崇阿

寓目高林

青蘿翳岫

修竹冠岑

谷流清響

條鼓鳴音

玄萼吐潤

霏霧成陰

도교와 자연: 왕희지의 난정시蘭亭詩

「난정서」蘭亭序에 대한 이해를 바탕으로 난정연회蘭亭宴會에서 지은 시를 살펴보자. 이들 시는 '현언시'玄言詩라 불리는 유형의 시로서, 도교적 '현학'玄學에 바탕을 두고 있다. 중국문학 중 가장 난해한 분야로 유명한 이 '현언시'를 이해하기 위해서는 우선 도교道敎와 자연과의 관계를 이해하는 것이 먼저다.[1]

강필임의 「동진 「난정시」 연구」라는 논문을 보면 동진시대의 '자연' 또는 '산수'山水란 개념은 우리가 흔히 얘기하는 단순한 자연 이상의 의미를 가진다. 즉, 현학이 풍미한 그 시대적 배경으로 보면, 자연이란 곧 도교의 무위자연無爲自然의 도道를 실천할 수 있는 객체客體인 동시에 도 그 자체가 된다. 따라서 난정시에서 말하는 산수는 단순한 경치 이상의 이치, 즉 진리眞理를 말하는 것이고, 그 자체를 인간사의 현실現實과 대비되는 이념적 대상으로 사용하고 있다.

난정시에서는 자연을 지칭하는 단어로 '리'理, '진'眞, '현'玄 등의 단어를 쓰고 있는데, 이것으로도 그 당시 그들이 자연을 대하는 태도가

---

1 강필임, 「동진 「난정시」 연구」 참조.

어떠하였는지를 알 수 있다. 그러므로 이때 당시 자연을 즐기는 난정연회 등 모임은 단순한 놀이 모임의 차원을 넘는 도교적 양생養生 방법이었다는 점에 주목할 필요가 있다. 이처럼 당시 사람들이 자연을 대하는 태도가 오늘날과 크게 달랐다는 것이 일단 이 난해한 난정시들을 이해하는 첫걸음이다.

다음으로 '현언'玄言 문화에 대한 이해가 필요하다. 귀족문화가 극에 달했던 동진의 사대부들은 자신의 지식을 과시하기 위한 목적으로 시를 지었다. 따라서 시나 문장이 난해하면 난해할수록 자신이나 자신이 속한 사족士族들이 쌓아온 소양을 과시한다는 믿음이 있었다. 이러한 문화를 '현언'이라 불렀는데, 난정시는 바로 이러한 시대적 상황을 가장 잘 드러내는 시대적 산물이었다. 당시 난정연회에 참석한 왕씨王氏, 사씨謝氏, 유씨庾氏, 환씨桓氏 등의 사족들은 단순히 집회에 참석한다는 의미 이상의 의미가 있었으며 자신이 속한 족벌族閥들의 체면을 위해 각자의 문재文才를 과시할 필요가 있었다. 따라서 난정시가 난해한 방향으로 흐르는 것은 당시의 시대상황에 비추어 당연한 측면이 있었다는 것을 이해해야 한다.

그러면 이제 난정연회가 열렸던 당시의 상황을 한번 회고해 보자. 그 당시 동진의 귀족들은 아무 근심걱정이 없었을까. 결코 그렇지 않았다. 가장 큰 걱정은 북쪽 오랑캐에게서 나라를 지키는 일이었다. 이미 흉노족인 유연劉淵에게 망해서 옛 오吳나라 땅인 건강建康: 오늘날 남경南京으로 쫓겨 내려와 있던 동진의 귀족들은 밖으로는 항상 북쪽 땅의 고토故土 회복이란 문제로 북조北朝와 존폐存廢를 건 싸움을 계속할 수밖에 없었다. 겉으로는 평화로워 보이던 난정연회가 열린 뒤 정확히 30년 후, 동진은 북조北朝 전진前秦의 백만 대군과 맞서 국가존망을 건 중국 역사상 3대 격전 가운데 하나인 비수대전淝水大戰을 치른다. 이러한 외부의 적과 갈등을 빚는 외에도 동진의 귀족들은 안으로는 서로 간에 권력을 잡기 위한 합종연횡의 암투를 항상 치르고 있었다.

강력한 왕권을 자랑하던 서진西晉이 멸망하고 난 뒤, 남쪽으로 도망해서 세워진 동진 왕조는 이미 시작부터 지방 호족들과 연대하지 않고는 존립할 수 없는 허약한 왕조였다. 왕권이 약할수록 사족들은 서로 암투를 벌일 수밖에 없는 처지가 되는데, 난정연회 이후로는 환온桓溫이 세력을 확장하며 스스로 황제가 되겠다는 시도를 계속해나가다가 결국 자신의 아들인 환현桓玄 때에 이르러서는 동진을 멸망시키고 초楚나라를 건국하게 된다. 이후 중국은 한 왕조가 불과 몇 십 년도 지속되지 못하는 극도의 정치적 혼란기로 접어들게 되니, 이때가 바로 우리가 남북조南北朝시대라 부르는 시기다.

따라서 이러한 정치적 혼란이 격화되기 일보직전에 열린 난정연회는 당시에도 이미 사족들 간의 이런저런 고민이 상당했을 것으로 추정할 수 있다. 불꽃은 꺼지기 바로 직전에 가장 밝게 타오르는 법. 난정연회는 이러한 정치적 암흑기가 시작되기 직전에 가장 화려하게 타오른 중국 역사상 귀족문화의 '마지막 불꽃'이었다. 이날 동진의 귀족들은 각자의 복잡한 계산들은 암중으로 숨긴 채 이날의 모임에 참석한다. 그러고는 각자 시를 짓는데, 자신들이 숭배하던 도교의 진리와 동의어인 '자연' 또는 '산수' 앞에 각자의 고민들, 즉 '회'懷를 풀어보겠다고 노래하니, 이를 '산회'散懷라고 한다. 다만 각자의 구체적인 고민들의 내용만 밝혀지지 않았을 뿐이다. 바로 이 '산회산수'散懷山水란 주제가 '현언'으로 포장된 난해한 난징시를 이해하는 키워드다.

앞으로 살펴보겠지만 이 두 개의 키워드, 즉 '산수'와 '산회'란 단어는 다양한 난정시에서 여러 가지 다른 표현들로 변주變奏되어 나타난다. 예컨대 '산수'는 '일구'一丘, '임구'林邱, '임령'林嶺, '고림'高林 등으로 표현되고 '산회'는 '기오'寄傲, '기탄'寄歎, '망기'忘羈, '활우'豁憂 등으로 표현된다. 즉, 표현의 다양함을 제외한다면 거의 동일한 주제를 반복적으로 표현하고 있다. 이것이 겉으로는 난해해 보이는 난정시의 속 내용이다.

이제 난정시를 살펴보아야 하는데, 이들 난정시가 기록된 글들은 어떠한 것이 있을까. 유감스럽게도 왕희지가 쓴 「난정서」는 서문이어서, 원래 첨부되었던 「난정시」는 같이 전해지지 않는다. 난정시가 수록된 글 중 가장 연대가 앞서는 글은 당唐대 서예가 유공권柳公權, 778~865이 적어놓은 「난정시」[2]인데, 이후 남송南宋대 상세창桑世昌이 자신의 저술인 『난정고』蘭亭考 제1권에서 이 시들을 다시 소개하고 있다.

이 자료들에 따르면, 왕희지, 사안謝安, 손작孫綽 등 11인은 사언시 1수와 오언시 1수씩 도합 2수를 각각 지었다. 반면에 왕풍지王豊之 등 15인은 사언시 또는 오언시를 1수씩만 지은 것으로 기록이 나와 있다. 그러므로 이들 자료에 따르면 난정연회에서 지은 시는 모두 37수에 달한다. 그런데 당唐의 장언원張彦遠, 815~879이 편찬한 『법서요록』法書要錄에는 다른 난정시 기록은 없으나, 왕희지가 지은 오언시는 총 5수가 기록되어 있다. 다만, 이 책에는 이들 시를 난정연회에서 지었다는 기록은 없다. 이후 명明대 풍유눌馮惟訥의 『고시기』古詩記와 청淸대 오고증吳高增의 『난정지』蘭亭志에도 왕희지가 지은 시로 사언시 1수와 오언시 5수를 싣고 있다. 따라서 이들 기록에 따르면 난정시는 총 41수가 되는 셈이다. 필자의 견해는 왕희지가 다른 연회 참석자들과는 유독 다르게 6수나 되는 시를 짓지는 않았을 것으로 본다.

2 유공권柳公權의 「난정시」蘭亭詩에 대해서는 이 책의 206쪽 「손작의 난정후서」와 244쪽 「우세남의 장금계노본」을 참조.

따라서 이 책에서는 상세창의 『난정고』에 나오는 총 37수의 난정시
만을 다루기로 한다. 이들 총 37수의 난정시에 대한 해석은 이 책 〈부
록 3〉에 소개되어 있으며, 여기서는 그중 중요한 시들을 골라 상세하
게 살펴보기로 한다.
　　그러면 먼저 왕희지가 지은 사언시四言詩를 살펴보자.

　　　계절의 변화代謝는 끊임이 없어鱗次
　　　어느덧 돌아서周 한해가 바뀌네.
　　　기쁘게 이 봄을 맞으니
　　　따사로운 봄바람은 부드러워
　　　저 무우舞雩에서 봄노래를 부른 증점曾點과
　　　시내는 다르지만 지닌바 아취雅趣는 나도 같은 무리라네.
　　　이에 같은 뜻을 지닌 동지齊契들을 데려와攜
　　　자연一丘에 인간사 회포를 풀어보네.

　　　代謝鱗次
　　　忽焉以周
　　　欣此暮春
　　　和氣載柔
　　　詠彼舞雩
　　　異世同流
　　　乃攜齊契
　　　散懷一丘

위의 시에서는 먼저 '대사'代謝란 단어가 나온다. 여기서 '사'謝는

"시들다, 쇠퇴하다"의 의미이고, '대'代는 "대체하다, 대신하다"의 의미이므로 '대사'는 곧 "묵은 것이 없어지고 새것이 대신 생기는 일", 즉 계절의 변화를 의미한다. 요즘 우리가 흔히 쓰는 '신체대사'身體代謝, '신진대사'新陳代謝 등에도 사용되고 있는 바로 그 단어다. 그다음 '인차'鱗次인데, "비늘鱗처럼 차례대로次 이어짐"의 의미다. 즉, 계절의 변화를 '시들고 새로 대체되고'란 의미의 '대사'란 단어와, 그리고 마치 물고기의 비늘처럼 끊임없이 이어진다는 의미의 '인차'란 단어를 써서 표현하고 있다.

다섯 번째 구의 '무우'舞雩라는 단어는 『논어』論語 「선진」先進 편에 나오는 공자孔子와 증점曾點과의 고사에서 따온 말이다. 공자께서 제자인 자로子路, 염구冉求, 증점에게 "만일 세상에 너희들을 알아보는 사람이 있어 쓰임을 당한다면 무슨 일을 각자 하고 싶으냐?"고 묻는다. 이에 자로는 "천승千乘의 병력을 가진 나라를 맡아 3년 안에 부흥시키겠습니다"라고 대답하고, 염구는 "사방 60~70리 되는 나라를 맡아 3년 이내에 예악禮樂을 가르치겠습니다"라고 대답한다. 반면에 마지막으로 증점은 "늦봄에 봄옷이 이미 완성되었으면 관을 쓴 어른 5~6명과 어린아이 6~7명과 함께 기수沂水에서 목욕하고 무우舞雩에서 바람을 쏘이며 노래하면서 돌아오겠습니다"[3]라고 대답하니, 공자께서 감탄하시며 "나도 증점과 뜻을 같이하노라"라고 말씀하신 고사다. 여기서 왕희지는 '영피무우 이세동류'詠彼舞雩 異世同流라 하여 비록 시대는 다르지만 그 풍류와 여유를 즐기려는 마음은 매한가지라고 표현하고 있다.

일곱 번째 구에 '제계'齊契란 단어가 나오는데, '제'齊는 "같다", '계'契는 "교분, 교제"란 의미로서, 즉 "뜻과 취미를 같이하는 사람"志趣相同

---

3 莫春者 春服旣成 冠者五六人 童子六七人 浴乎沂 風乎舞雩 詠而歸.

的人이란 의미로 사용되고 있다. 다른 시대에는 사용되지 않고, 난정연회 등 동진시대에만 사용된 특유한 단어 용법이다.

마지막으로, '일구'一丘는 바로 연회가 열리는 회계산會稽山을 의미하는데, 좀 더 확장하여 얘기하자면 바로 '산수' 또는 '자연'의 이칭異稱이다. 앞서 이 글의 서두에서 설명했듯이, 바로 이 '산회산수' 네 글자가 이날 난정연회의 주제였다. 현실과 대비되는 이상의 개념인 '산수'에서 현실세계에서의 고민을 풀어본다'산회'는 것이었다. '산회산수'는 이날 지어진 거의 모든 시구詩句에서 조금씩 그 표현을 달리하며 등장하고 있는데 왕희지의 사언시에서는 '산회일구'란 표현으로 등장하고 있는 셈이다.

왕희지는 이날 오언시도 한 수 지었는데, 그가 지은 오언시는 다음과 같다.

우러러 파란 하늘가를 바라보고
굽혀 녹수 가를 쳐다보니
고요하고 맑은 경치가 끝없이 펼쳐졌네.
눈길 가는 곳마다 자연理이 스스로 펼쳐 있으니
크도다, 조물주의 위대함이여!
만물은 모두 다르지만 그 본질상 같지均 않은 것이 없고
뭇 소리群籟가 비록 같지 않지만參差
나에겐 친하지 않은 것이 없구나.

仰眺碧天際
俯瞰緑水濱
寥朗無涯觀

寓目理自陳

大矣造化功

萬殊靡不均

群籟雖参差

適我無非親

　이 시에서 주목할 구절은 여섯 번째 구인 '만수비불균'^{萬殊靡不均}으로 이중에서도 '균'^均이란 단어다. 일반적으로 이 글자는 '가지런하다'고 해석되지만, 도교 문학에서는 아래『장자』^{莊子}「변무」^{騈拇} 편의 전고^{典故}를 따라, 일반적으로 '같다'는 뜻으로 사용된다.

　'장'^臧이라는 젊은이와 '곡'^谷이라는 젊은이는 둘 다 양을 치는 일을 하였다. 한 사람은 동쪽 산에서, 한 사람은 서쪽 산에서 양을 쳤다. 하루는 날이 어두워졌는데 두 사람 모두 빈손으로 돌아와 양떼를 잃어버렸다고 했다. 마을 사람들이 어쩌다 양떼를 잃어버렸냐고 묻자 '장'이 "나무 그늘에서 책을 읽다 보니 양들이 도망가버렸다"고 대답하였고 '곡'은 "사람들과 내기 바둑을 두며 놀고 있었는데, 양들이 달아나버렸다"고 대답하였다. 두 사람이 한 일은 달랐지만 양떼를 잃어버렸다는 점에서는 다를 게 없었다^均.

　臧與谷二人相與牧羊, 而俱亡其羊. 問臧奚事, "則挾筴讀書" 問谷奚事, "則博塞以遊." 二人者, 事業不同; 其於亡羊, 均也.

　그다음 구절인 '군뢰수참차'^{群籟雖参差}는 곽상^{郭象}의『장자』「소요유」^{逍遙遊}에 대한 주석에 "대저 소^簫와 관^管이 다르고, 궁음^{宮音}과 상음^{商音}

이 달라, 높고 낮고 길고 짧은短長高下 만 가지 다른 소리가 나온다. 비록 소리는 만 가지로 다를지라도, 그 본바탕稟은 하나다"[4]라는 구절에서 인용한 글귀다. 전체적으로 도교적 냄새가 짙게 깔린 문장이다.

---

4 夫簫管參差, 宮商異律, 故有短長高下萬殊之聲. 聲雖萬殊, 而所稟之度一也.

사안의 난정시蘭亭詩

353년 난정蘭亭의 모임이 있을 당시 사안謝安은 34세로, 모임을 주관한 왕희지보다 17세나 어렸다.[5] 아무런 벼슬도 하지 않고 있었건만, 벌써 그의 이름은 삼공三公에 버금가는 명성을 누리고 있어, 사실상 난정 모임의 주역 중 한 사람의 역할을 하고 있었다. 당시 사안이 왕씨王氏 집안에서 어떠한 대접을 받았는지를 보여주는 일화가 '경광도협'傾筐倒篋이란 고사성어로 『세설신어』世說新語 「현원」賢媛 편에 전한다.

왕희지의 아내 치 부인이 두 동생 사공과 중랑에게 "왕씨 집안 사람들은 사안과 사만謝萬이 오면 '광주리를 기울이고 상자를 엎어'傾

---

5 사안의 출생연도와는 달리 왕희지의 출생연도는 학계에서 끊이지 않는 논쟁거리이다. 거의 유일한 사료인 『진서』「왕희지전」에도 그가 '59세에 죽었다'年五十九卒라고만 했을뿐 출생연도를 밝히지 않고 있다. 여기서는 일반적으로 보고 있는 303년 출생설을 기초로 하였다. 이에 관한 자세한 논의는 귀렌푸의 『왕희지 평전』을 참고하기 바란다. 귀렌푸, 홍상훈 옮김, 『왕희지 평전』, 연암서가, 2016.

筐倒篋,[6] 있는 음식 없는 음식을 모두 내어 극진히 대접하면서도, 너희들이 오면 평상시처럼 대접하니 다음부턴 번거롭게 왕씨 집안에 왕래하지 마라"고 하였다.

王右軍郗夫人, 謂二弟司空·中郎曰: "王家見二謝, 傾筐倒篋 見汝輩來, 平平爾. 汝可無煩復往."

미래는 알 수 없는 것이지만, 이 평화롭기 그지없는 난정의 모임 후, 6년 뒤 사안의 동생인 사만이 전쟁에서 처참하게 패해, 군사들이 죽거나 흩어지는 가운데 단신으로 겨우 살아 돌아오는 사건이 발생한다. 당시 조정의 들끓는 여론 때문에 사만이 서인庶人으로 폐함을 당하는 낭패를 당한다. 사안은 위기에 처한 가문을 구하기 위해 40세의 늦은 나이로 출사를 하고, 또 그로부터 24년 뒤인 383년 비수대전淝水大戰을 통해 나라를 구하는 큰일이 자신을 기다리고 있다는 것을 난정연회 당시에는 짐작이나 할 수 있었을까. 보통 이름 있는 명망가도 실제 정치에 뛰어들면 많은 실망을 안겨주는 경우가 대부분임을 오늘날 우리가 예외 없이 목격하고 있지만, 사안은 현실 참여 후 오히려 존경을 더 많이 받게 된다. 이렇게 뛰어난 인물이 난정에서 남긴 사언시와 오언시 한 수씩을 아래에 소개한다.

당시 난정의 모임같이 시를 짓고 노는 '아회'雅會에서는, 모임을 주관하는 주인의 '시어'를 참여자들이 다른 단어로 표현해 화답해주는 것이 하나의 전통이다. 다음 사안의 시는 당시의 난정시 중 바로 왕

6 경광도협傾筐倒篋: 광筐은 광주리, 협篋은 뚜껑이 있는 광주리를 말한다. 즉, 광주리를 기울여 집안의 모든 음식을 다 내어놓을정도로 극진히 대접함을 말한다.

희지의 '시어'에 대한 화답이 가장 강하게 느껴지는 시들이다.

아, 옛날 공자孔子께서
봄놀이에 대한 마음을 품었건만
우리도 여기玆 뜻이 맞는 친구執들과 모임契을 가져
자연林丘에 인간사 회포傲를 풀어보네寄.
아득하게 봉우리들은 이어지고
언덕 밭두둑은 끝간 데가 없구나.
먼 하늘霄엔 안개 드리웠고
차가운 샘물은 한가로이 흐르네.

伊昔先子
有懷春遊
契玆言執
寄傲林丘
森森連嶺
茫茫原疇
迴霄垂霧
凝泉散流

이 시 첫 구절 '이석선자 유회춘유'伊昔先子 有懷春遊는 이날 모임의 주
인인 왕희지가 남긴 사언시 중 다음 구절에 대한 화답의 구절로 보인다.

저 무우舞雩에서 봄노래를 부른 증점曾點과
시대는 다르지만 지닌 바 아취雅趣는 나도 같은 무리라네.

詠彼舞雩

異世同流

즉, '선자'先子는 '선대先代의 선생子' 곧 공자孔子를, '유회춘유'有懷春遊의 '춘유'春遊는 공자의 제자인 증점이 말했던 '기수沂水에서 목욕하고 무우에서 바람을 쏘이는 봄놀이'를 의미한다. '이'伊는 어조사다.

두 번째 연인 '계자언집 기오임구'契玆言執 寄傲林丘도 왕희지의 다음 사언시 구절에 대한 화답이다.

이에 같은 뜻을 지닌 동지齊契들을 데려와攜

자연一丘에 인간사 회포를 풀어보네.

乃攜齊契

散懷一丘

즉 왕희지의 '제계'齊契란 단어를 '계집'契執으로, '산회'散懷는 '기오'寄傲로, '일구'一丘는 '임구'林丘로 바꾸어 표현한 것이다. '언'言은 어조사다. 다음에는 사안의 오언시를 살펴보자.

우리 다 함께 아름다운 시절을 만나

소탈하게 같이 바짓가랑이를 걷고 계사禊事를 즐기니

엷은 구름은 낮게 드리웠고

미풍은 가볍게 떠다니는 배처럼 부채질하듯 불어오는데

농익은 막걸리를 마시니 마치 요 임금의 나라에 있는 것 같아

홀연히 태평성대에 노니는데

세상 만물은 만 가지로 다르지만 본질은 모두 한 물상이니
어찌 팽조彭祖와 상자殤子를 다시 비교하리오.

相與欣佳節
率爾同褰裳
薄雲羅景物
微風扇輕航
醇醪陶丹府
兀若遊羲唐
萬殊混一象
安復覺彭殤

　이 시의 두 번째 구인 '솔이동건상'率爾同褰裳의 '건상'褰裳은 "바짓
가랑이를 걷고 씻는다"는 표현으로, 이날 난정 모임의 명목인 '계사'禊
事7를 행하고 있음을 의미한다. 다섯 번째 구인 '순료도단부'醇醪陶丹府
중 '도단부'陶丹府는, 요堯 임금인 도당씨陶唐氏가 태어난 나라가 도陶나
라이고 태어난 곳이 단릉丹陵이기 때문에 '도단부'陶丹府로 표현한 것
이다. 그다음 구절인 '올약유희당'兀若遊羲唐의 '희당'羲唐은 전설상의
삼황오제 중 복희씨伏羲氏와 요 임금인 당요唐堯를 지칭하는 말이다. 즉
이들 성인들이 다스리던 태평성대를 의미한다.
　마지막 연인 '만수혼일상 안복각팽상'萬殊混一象 安復覺彭殤, 즉 "세
상 만물은 만 가지로 다르지만 본질은 하나이니, 어찌 팽조彭祖와 상
자殤子를 비교하리오"란 구절은 왕희지의 오언시 중 다음 구절들에

---

7 계사禊事: 몸을 씻으며 한 해의 액운을 떠나보내는 의식.

대한 화답이다.

만물은 모두 다르지만 그 본질상 같지^均 않은 것이 없고
뭇 소리^{群籟}가 비록 같지 않지만^{參差}
나에겐 친하지 않은 것이 없구나.

萬殊靡不均

群籟雖參差

適我無非親

왕희지의 시에 이어, 동진시대 크게 유행하던 도교적 색채가 진하게
느껴지는 시다.

사안의 동생, 사만의 난정시蘭亭詩

사만謝萬의 자字는 만석萬石으로, 형인 사안謝安의 자가 안석安石인 예를 따랐다. 『진서』晉書에는 "재주가 뛰어났으나 그 그릇됨은 형에 미치지 못하였다"라고 기록되어 있다. 멋 부리길 좋아해, 항시 백윤건白綸巾에 학창의鶴氅衣를 걸치고 다녔다. 그가 군대를 지휘하는 사주군사四州軍事를 맡게 되자, 왕희지가 그를 아끼는 마음에 그의 상관인 환온桓溫에게, "사만의 재주가 비록 뛰어나지만 조정에만 머물러 국사를 의논하는 데 참여한 정도여서 아직 미완의 그릇인데, 벌써 군대 일을 맡는 것은 지닌 바 소질에 어긋나는 것 같습니다違才易務"라고 편지를 쓴 기록이 나온다.[8]

그런데도 사만은 나중에 북정北征의 중임을 맡게 되었지만, 오만하여 자신의 군대를 위무하는 행동을 전혀 하지 않았다. 형인 사안이 오히려 군대의 장수들을 위로하곤 사만을 불러 "원수元帥가 되었으면 응당 장수들을 위무하여 그 마음을 기쁘게 하여야 할 터, 너는 그리 오만

---

8 王羲之與桓溫箋曰: "謝萬才流經通, 處廊廟, 參諷議, 故是後來一器. 而今屈其邁往之氣, 以俯順荒餘, 近是違才易務矣." 溫不從.

하여 일을 어찌 처리하려 하는가"라고 꾸짖었다. 사만은 그제서야 장수들을 모아놓고는 아무 말없이 있다가 지휘봉^{如意}으로 사방을 가리키며, "제장^{諸將}들은 모두 병졸들을 강하게 단련시켜라^{諸將皆勤卒}"는 말만 하고 말았다 한다. 이러한 군 통솔의 미숙함으로 결국 그는 낙양^{洛陽}의 전투에서 처참하게 패해 단신으로 돌아오는 낭패를 당하고, 서인^{庶人}으로 폐함을 받는 굴욕을 당한다.[9]

평화로운 난정의 모임은 사만이 그러한 수모를 당하기 6년 전에 열렸는데, 그가 지은 사언시와 오언시가 각각 한 수씩 전한다. 여기서는 오언시를 아래와 같이 소개한다.

겨울은 그늘 깃발을 말고
봄은 햇볕 깃발을 펼치네.
봄비는 천하를 적시고
산들바람은 고운 꽃을 부채질하는구나.
푸른 숲은 온갖 꽃으로 빛을 발하고
붉은 꽃 봉우리는 새로운 줄기에 빼어나도다.
새는 날개를 편 채 한가로이 날고
물고기는 맑은 물에서 뛰노는구나.

玄冥卷陰旗

---

9 萬旣受任北征, 矜豪傲物, 嘗以嘯詠自高, 未嘗撫衆. 兄安深憂之, 自隊上將帥已下, 安無不慰勉. 謂萬曰:"汝爲元帥, 諸將宜數接對, 以悅其心, 豈有傲誕若斯而能濟事也!"萬乃召集諸將, 都無所說, 直以如意指四坐云:"諸將皆勤卒."諸將益恨之. 旣而先遣征虜將軍劉建修治馬頭城池, 自率衆入渦潁, 以援洛陽. 北中郎將郗曇以疾病退還彭城, 萬以爲賊盛致退, 便引軍還, 衆遂潰散, 狼狽單歸, 廢爲庶人.

句芒舒陽旌

靈液被九區

光風扇鮮榮

碧林輝翠萼

紅葩擢新莖

翔禽無汗遠

騰鱗躍清泠

첫 번째 연인 '현명권음기 구망서양정'玄冥卷陰旗 句芒舒陽旌을 보자. '현명'玄冥은 '북방의 신神'으로 겨울을 의미하며, '구망'句芒은 '목신'木神[10]을 뜻하는데, 봄에 싹이 돋을 때 싹이 꼬부라져 있고句, 까르라기芒가 돋아 있어 그리 불렀다. 즉, 겨울이 물러가고 봄이 왔다는 표현을 "북방의 신인 현명이 그늘의 깃발을 말고, 봄의 신인 구망이 햇볕의 깃발을 펼친다"라고 한 것이다.

이 시는 매우 아름답다. 봄날의 아름다움을 붉고 푸른 색깔, 하늘을 나는 새와 물속의 고기 등으로 대조법을 사용해 아름답게 표현하고 있다. 즉 이 시의 특징은 이날 난정의 모임에서 지어진 다른 시들과는 달리 자연을 자연 그대로 바라보고 그 아름다움을 표현하고 있다는 점이다. 도교가 유행했던 당시의 풍조는 자연을 자연 그대로 바라보기보다는 자연을 도교의 도를 실천할 수 있는 객체로 보았다. 표면으로는 자연을 노래하고 있지만 내용면으로는 도교적 사상, 즉 철리哲理를 표현한 현언적 요소가 매우 강했다. 하지만 이 시는 그러한 사상적

10 목신木神: 고대 중국의 신화에 나오는 인물로 동방상제인 복희伏羲를 보좌하고 봄을 주관한다.

포장 없이 자연의 아름다움을 있는 그대로 표현했다는 점에서 오히려 매우 이채롭다.

당시 진군陳郡 사씨謝氏 가문은 다른 문벌사족에 비해 문학에 특히 깊은 관심을 보였고 적극적으로 문학 후예를 길러냈다는 기록이 나온다. 강필임 교수에 따르면, 그 예로 사안과 사현謝玄, 사혼謝混 등이 주도한 사씨 가문의 문학 집회를 들 수 있는데, 그들은 그들 간의 문학적 토론을 위한 문중 간 교류를 '오의지유'烏衣之游라고 불렀다 한다. 동진 말엽의 뛰어난 시인이었던 사혼이 "옛날 오의항에서 즐길 때, 너도나도 다 같은 성姓이었지"昔爲烏衣游 戚戚皆親姓라고 하여, 사씨들끼리의 교류였음을 자랑스러워했다는 기록이 있다. 당시에는 비록 이름 있는 사족이나 명사라 하더라도, 이들 사씨들의 모임에는 감히 참가하지 못했디고 한다.[11]

이들 사씨 가문이 문학에 얼마나 깊은 관심을 보였는지를 알 수 있는 일화가 『세설신어』世說新語 「언어」言語 편에 다음과 같이 전한다.

눈이 내리는 날, 사안은 자제들과 문장의 의의에 대해 논하고 있었다. 잠시 후 눈이 더욱 크게 내리자 공公은 흔연히 "백설이 펄펄 날리는 게 무엇과 같은가?"라고 물었다. 이에 형인 사혁謝奕의 아들 사랑謝朗이 "소금을 공중에 뿌린다撒鹽空中고 하면 비슷하지 않을까요?"라고 대답했다. 그러자 형의 딸인 사도온謝道韞은 "버들 솜이 바람에 흩날린다柳絮因風起는 표현만 못합니다"라고 했다. 공이 크

---

11 『南史』卷20「謝弘微傳」: "混風格高峻, 少所交納, 唯與族子靈運·瞻·晦·曜·弘微以文義賞會, 常共宴處, 居在烏衣巷, 故謂之烏衣之游. 混詩所言, '昔爲烏衣游, 戚戚皆親姓'者也. 其外雖復高流時譽, 莫敢造門."

게 웃으며 "과연 형님의 여식이다!"라고 즐거워했다.

謝太傅寒雪日内集, 與兒女講論文義, 俄而雪驟, 公欣然曰: "白雪
紛紛何所似?" 兄子胡兒謝朗曰: "撒鹽空中差可擬?" 兄女曰: "未若
柳絮因風起." 公大笑樂, "卽公大兄無奕[12]女."

문학 집회를 여는 중에 눈이 내리자, 가장家長인 사안이 자연스럽게 영설詠雪을 주제로 제의하고 자유로운 토론을 벌인 것인데, 이를 통해 가족 구성원 간에 상호 절차탁마切磋琢磨할 수 있는 기회를 유도한 것이다.

따라서 이날 「난정시」에서 사만의 시를 통해 나타난 자연 그 자체의 아름다움을 노래한 이러한 문학적 발로는 결코 우연이 아니며, 사씨 가문이 문학에 기울인 깊은 관심의 결과로 보는 것이 타당하다. 이러한 그들의 노력이 결국 뒷날 사혼이라는 뛰어난 시인을 배출하여 '산수시'의 서막이 열리고, 사령운謝靈運이란 대시인을 탄생시켜 '산수시'가 완성되는 결과로 이어진다.

이러한 토양이 있었기 때문에 정치적 성취는 낭아琅琊 왕씨王氏가 뛰어났지만, 문학적 성취는 진군陳郡 사씨가 뛰어났다는 평가를 받게 된다. 훗날 명대明代 호응린胡應麟이 "사씨는 『문선』文選을 종횡하는데 왕씨는 어찌 적막한가?"라고 평한 기록이 나오는 이유다.[13]

끝으로 당나라 시인인 유우석劉禹錫,772~842의 『금릉오제』金陵五題 중 「오의항」烏衣巷이란 시를 소개하며 이 장을 마치기로 하자.

---

12 형님인 사혁謝奕의 자字가 무혁無奕이다.
13 『시수』詩藪 「외편」外編 권2 : "王謝江左幷稱, 諸謝縱橫『文選』, 而王氏一何寥寥也?"

주작교^{朱雀橋} 다리가에는 들풀들 꽃 피고
'오의항'^{烏衣巷} 마을 입구에 석양이 비꼈네.
옛날 귀족인 왕씨와 사씨 집의 제비들
지금은 평범한 집의 마루에 날아드네.

朱雀橋邊野草花

烏衣巷口夕陽斜

舊時王謝堂前燕

飛入尋常百姓家

여기서 '오의항'이란 남경^{南京} 진회하^{秦淮河}의 남쪽을 일컫는다. 원래 동오^{東吳} 오의영^{烏衣營}의 주둔지여서 그리 이름 붙여졌는데, 동진시대 명사들이 거주하였던 곳으로 개국공신인 왕도^{王導}, 사안 등의 후손들이 거주하였다.

유방백세流芳百世의 대사마大司馬, 환온

이날의 난정연회蘭亭宴會에는 초국譙國 용항龍亢 환씨桓氏 집안에서도 한 인물이 참석하였으니 그가 바로 환위桓偉다. 환위는 누구인가. 그는 별로 유명하지 않아도 그의 아버지와 그의 배다른 형제는 매우 유명하다. 동진東晉의 역사를 얘기할 때 이 두 사람을 빼고는 논할 수 없을 정도다. 아버지는 동진의 권력을 한 손에 넣고, 황제를 폐했다 세웠다 하였으며 종국에는 자신이 황제가 되려고 여러 차례 시도하였다가 끝내 꿈을 이루지 못하고 세상을 뜬 환온桓溫: 312~373이 바로 그다. 아들은 아버지의 못다 이룬 꿈을 이어받아 결국 동진을 멸망시키고 초楚: 춘추시대 초나라와 구분하여 환초桓楚라고도 부름나라를 건국하였다가 나중에는 피살당하는 운명을 맞게 되는 환현桓玄이다.

환온에게는 아들 다섯 명과 서자庶子 한 명이 있었는데, 다섯 아들 가운데 막내가 환위며, 서자가 환현이다. 아들 환현도 아버지 환온에 못지않은 유명한 인물이다. 이 책에서는 난정의 주역인 왕희지·사안과 동시대 인물이며, 많은 일화를 남긴 환온을 중심으로 이들 일가를 살펴보고자 한다.

환온을 얘기하려면 이때 동진의 정치상황을 먼저 이해해야 한다.

256년 사마염司馬炎이 삼국을 통일하고 세운 진晉은 흉노족인 유연劉淵이 일으킨 이른바 '영가永嘉의 난'에 의해 317년에 무너지고, 오吳의 옛 도읍인 건강建康을 중심으로 동진이 건국되었다. 즉 동진은 원래 서진 황실의 일파가 화북華北에서 관료와 군대를 거느리고 강남江南으로 들어와, 언젠가는 중원의 실지失地를 회복하겠다는 것을 이상으로 삼아 정착한 일시적 성격의 왕조였다. 따라서 황실과 함께 남하한 문벌귀족과 동진에 귀의한 문벌귀족은 모두 중원을 회복하려는 생각을 하고 있었다. 김진영 교수[14]에 따르면, 또한 이들에게는 공통적인 생각이 있었는데, 즉 자신들의 고토古土를 차지하고 있는 이민족異民族을 먼저 축출하는 사람이 '칭제稱帝의 자격'이 있다고 생각하였다. 특히 이러한 생각은 동진 말기에 더욱 현저하게 되어 일부 야심가들은 모두 북벌北伐로 공을 세우고 명실상부한 황제가 되려고 히였다. 이러한 야심찬 인물의 대표적인 사람이 바로 환온이었다. 반면 같은 이유로 동진의 황실과 중앙정부의 집정자들은 점차 대외 전쟁을 싫어하게 되고, 지지하지도 않았을 뿐만 아니라 오히려 저지하려고 하였다.

그러면 환온은 누구인가. 그는 원래 화북에서 강남으로 이주한 문벌가문인 초국 용항 환씨 가문 출신이다. 어릴 적부터 그는 용맹함이 남달랐는데, 그와 관련된 일화가 『진서』晉書 「환온전」桓溫傳에 다음과 같이 전한다.

환온桓溫의 아버지인 환이桓彝가 한황韓晃에게 피살당했는데, 경령涇令 강파江播도 피살에 참여했다. 환온이 당시 15세로 창을 베고

---

14 김진영, 「『세설신어』世說新語의 품평을 통해 본 환현桓玄의 인물형상」, 『중국문화연구』 제8집, 2006, 183쪽, 184쪽.

자며 피눈물을 흘리며 복수를 맹세하였다. 환온이 18세가 되니, 강파가 죽게 되어 자식들인 강표江彪 삼형제가 상을 치르는데, 그들은 지팡이 안에 칼을 숨겨, 만약의 경우 환온을 대비했다. 그러나 환온은 조문객이라 속이고 들어가, 영당靈堂에서 강표를 죽이곤, 도망가는 두 동생을 쫓아가 죽이니, 당시 사람들이 칭찬했다.

彝爲韓晃所害, 涇令江播豫焉. 溫時年十五, 枕戈泣血, 志在復仇. 至年十八, 會播已終, 子彪兄弟三人居喪, 置刃杖中, 以爲溫備. 溫詭稱吊賓, 得進, 刃彪於廬中, 並追二弟殺之, 時人稱焉.

'영가의 난' 무렵 출생한 환온은 화북 출신 가문답게 북벌에 대한 야심을 가지고 성장하였다. 그러한 그에게 처음으로 기회가 주어지니, 목제穆帝 영화永和 2년347 안서장군이 된 환온에게 촉蜀 땅을 차지하고 있던 성한成漢의 제5대 왕인 이세李勢를 토벌하라는 어명이 내려진다. 즉, 자신이 바라던 북벌에 앞선 서벌西伐이었던 셈인데, 이 원정에서 다음과 같은 기막힌 일이 일어나게 된다. 『진서』에 전하는 일화를 소개한다.

이세가 모든 군사력을 동원해 환온과 작교笮橋에서 싸우니, 참군參軍 공호龔護도 전사하고, 환온이 타고 있는 말도 화살을 맞는다. 환온이 퇴각명령을 내렸으나, 북 치는 관리가 진격하는 소리로 잘못 쳐, 이에 공격하니, 이세의 군은 크게 흩어졌다. 환온이 승세를 타고 직진하여, 소성小城을 불태우니, 이세는 마침내 밤에 90리를 달아났다.

勢於是悉衆與溫戰於笮橋, 參軍龔護戰沒, 衆懼欲退, 而鼓吏誤鳴
進鼓, 於是攻之, 勢衆大潰. 溫乘勝直進, 焚其小城, 勢遂夜遁九十裏.

예나 지금이나 전쟁의 영웅은 대중의 인기를 얻는 법이다. 북방 오
호 십육국五胡十六國과의 대결에서 항상 밀리고 있던 동진의 백성과 조
정은 촉을 정벌하고 돌아온 장군 환온에게 열광한다. 이 공로로 환온
은 정서대장군征西大將軍으로 승격되었으며 임하군공臨賀郡公으로 책봉
되는 등 그는 이미 동진의 '떠오르는 태양'으로 각광받기 시작했다.

353년 난정蘭亭에서의 연회가 열리는 것이 이 무렵이다. 그러나 이
때 그는 이미 형주자사荊州刺史가 되었고, 더불어 서부 제주諸州의 군사
軍事를 감독하는 막강한 위치에 올라 있었다. 그가 자사刺史로 임명된
형주荊州는 삼국시대 유비劉備가 정치적 입지를 마련한 비옥한 땅으로
동진의 영토 가운데에서도 가장 영향력이 큰 지역이었다. 하지만 형주
와 난정의 모임이 열린 회계會稽는 지리적으로 너무 떨어져 있어, 그는
난정연회에 자신과 용항 환씨 집안을 대표해 막내아들인 환위를 대신
참가시키게 된다.

정확히 난정연회가 열린 1년 뒤인 354년 그는 이러한 대중적 인기
를 뒤에 업고 드디어 자신이 바라던 북벌에 나서게 된다. 이것을 환온
의 '제1차 북벌'이라 부르는데, 이 전투에서 그는 과거 한漢나라의 수
도였던 장안長安 부근까지 진격하는 전과를 올리게 된다. 이때 당시의
백성들이 환온의 군대를 어떻게 맞이하였는지가 기록되어 있다. 『진
서』의 기록을 다시 살펴보자.

쇠고기와 술을 가지고 길에서 환온을 맞이하는 이가 열에 여덟,
아홉이었고, 노인들은 "오늘날 다시 관군官軍을 보게 될 줄은 생각

도 못했구나!"라며 감격해서 울며 말했다.

持牛酒迎溫於路者十八九, 耆老感泣曰："不圖今日復見官軍!"

이후 환온은 결국 장안을 수복하지 못하고 퇴각하나, 그와 같이 장안 부근까지 밀고 올라갔던 장군이 일찍이 없었으므로 수도로 돌아온 그는 목제에게 오히려 위로까지 받게 된다. 북벌에 실패한 그는 2년 뒤인 356년 재차 북벌에 나서니, 이것이 그의 '제2차 북벌'이다. 이 전투에서 그는 드디어 서진시대의 수도였던 낙양洛陽을 수복하는 전과를 올리게 된다. 동진 왕조가 그토록 표방해온 이른바 '고토'를 회복한 것이다. 이 전투로 그는 명실상부한 동진의 최고 권력가로 등극하게 되고, 아울러 용항 환씨 가문도 동진의 최고 가문으로 올라서게 된다. 고토를 수복하고 이민족을 먼저 축출하는 사람이 '칭제의 자격'이 있다고 생각해온 당시 문벌귀족의 관점에서 생각해보면, 이때부터 그가 '황제의 꿈'을 꾸기 시작한 것이 이해되지 않는 바는 아니었다.

그는 낙양을 회복한 이후 조정에 상소를 올려서 '고토를 회복하였으므로 이제 낙양으로 다시 천도'할 것을 주청한다. 그러나 그의 주청은 받아들여지지 못하고, 일부 수비대만 남기는 것으로 결론이 맺어진다. 물론 환온도 한 번의 전투 승리로 천도까지 결정될 것이라고 생각한 것은 아니고, 당시 조정에 대해 자신의 전과戰果와 그에 따른 합당한 대우를 각인시키기 위한 일종의 '시위'였다고 볼 수 있다.

그러나 이후 북방의 전진前秦과 전연前燕이 강성해져, 낙양은 전연에 의해 다시 점령된다. 이에 따라 환온은 다시금 북벌을 청하는 상소를 아래와 같이 올리게 된다.

나라를 다스리는 것은 바로 강토를 점령하고 다스리는 데經略 있으니, 잃어버린 옛 도읍지 낙양을 회복하여光復 천하華夏를 다시 진晉의 통치하에 두고자 북벌을 청하나이다. 그리하면 폐하의 은덕이 온 천하를 덮고, 폐하의 위엄이 떨치지 않는 데가 없게 될 것이니, 어찌 신령이 감응치 않을 것이며, 하늘이 함께하지 않겠습니까!

誠宜遠圖廟算, 大存經略, 光復舊京, 疆理華夏, 使惠風陽澤洽被八表, 霜威寒飆陵振無外, 豈不允應靈休, 天人齊契!

위의 '광복구경 강리화하'光復舊京 疆理華夏에서 우리가 오늘날 '8·15 광복절' 때 사용하는 '광복'이란 단어가 유래한다.

이러한 상소를 올리고 난 뒤, 폐제廢帝 태화太和 4년인 369년, 환온은 그의 마지막 북벌인 '제3차 북벌'에 나서게 된다. 그런데 이 전투에서 환온은 큰 실수를 저지른다. 군량미를 수로로 운반하게 했던 것이다. 연燕나라 군은 석문 나루터를 점령하고 환온 군대의 보급로를 차단했다. 식량이 바닥난 환온은 하는 수 없이 퇴각 명령을 내렸는데 퇴각하는 도중 모용수慕容垂에게 습격을 당해 패배하게 된다. 이 북벌의 실패로 그동안 중천에 뜬 해 같던 환온의 명성은 일락천장一落千丈처럼 추락하게 되었다. 그러나 동진의 군권을 쥐고 있던 환온의 야심은 오히려 날로 커졌다. 환온은 '무능'하다는 이유로 370년 폐제廢帝 사마혁司馬奕을 폐위시키고 사마욱司馬昱을 황세로 올리니, 그가 바로 간문제簡文帝, 재위 371~372다. 당시의 상황을 『진서』는 다음과 같이 기록했다.

환온은 이미 그의 재주와 능력을 자부하여, 황제가 되려는 다른 마음을 오래도록 품으니, 먼저 하삭河朔에서 공을 세우곤, 돌아와서 구석九錫[15]을 받고자 했다. 그러나 제3차 북벌에서 실패하여 엎어지고 깨지고 나서 명성과 실상이 갑자기 낮아졌는데, 이를 만회하고자 참군參軍 치초郗超가 황제를 갈아치우는 계책을 진헌하니, 환온은 곧 황제를 폐하고 간문제簡文帝를 세웠다. 이때 환온의 위세가 성대했는데, 시중侍中 사안이 보고는 멀리서 절을 하니, 환온이 놀라 "안석安石: 사안의 자, 경卿은 어찌 이리 인사를 하시오!" 하자, 사안이 "임금이 먼저 절하고, 신하가 뒤에 읍하는 경우는 아직까지 없었습니다"라고 하였다. 당시 환온이 다리가 아프다 하여, 간문제는 조서로 특별히 그에게 가마를 타고 입조하는 특권을 부여하였다. 어느 날 입조한 환온이 간문제를 보고 또 폐하려 하니, 간문제가 눈물을 흘리길 수십 번이라, 환온이 마침내 한 마디도 말하지 못하고 나왔다.

溫既負其才力, 久懷異志, 欲先立功河朔, 還受九錫. 既逢覆敗, 名實頓減, 於是參軍郗超進廢立之計, 溫乃廢帝而立簡文帝. 詔溫依諸葛亮故事, 甲仗百人入殿, 賜錢五千萬, 絹二萬匹, 布十萬匹. 溫多所廢徙, 誅庾倩, 殷涓, 曹秀等. 是時溫威勢翕赫, 侍中謝安見而遙拜, 溫驚曰: "安石, 卿何事乃爾!" 安曰: "未有君拜於前, 臣揖於後." 時溫有腳疾, 詔乘輿入朝, 既見, 欲陳廢立本意, 帝便泣下數十行, 溫兢懼, 不得一言而出.

---

15 구석九錫: 옛날 중국에서 특별히 임금의 총애를 받고 공로가 있는 신하에게 내린 아홉 가지 은전恩典. 즉 거마車馬·의복衣服·악기樂器·주호朱戶·납폐納陛·호분虎賁·궁시弓矢·도끼·거창秬鬯을 뜻한다. 이 가운데 거창은 수수와 향초를 섞어 빚은 술을 뜻한다.

위의 문장에서 '구석'九錫이라는 단어가 등장한다. 이것은 황제가 공이 지극한 신하에게 내리는, 사실상 황제와 맞먹는 특권을 부여하는 것이었다. 따라서 '구석'을 하사한다는 것은 곧 황제의 자리를 양위한다는 의미로 받아들여졌고, 한漢나라 이후에는 삼국시대 위魏나라 조조曹操가 이 '구석'을 받아 사실상의 황제 자리에 오른 역사가 있었다. 그가 당시에 '구석'을 받고자 하였다는 자체로도 당시 그의 위세가 어떠하였는지를 알 수 있는 대목이다. 그런데 새로 옹립한 황제인 간문제는 몸이 약하여 2년 뒤 세상을 떠나게 된다. 이때 환온은 자신이 다시 황제가 되려 하지만, 당시 사안과 왕탄지王坦之가 힘을 모아 이를 막는다. 이 부분이 『진서』에는 다음과 같이 기록되어 있다.

환온은 처음에 간문제가 임종하며 자신에게 양위하길 바랐으나, 이와 같이 되지는 않고, 주공周公처럼 섭정하는 경우가 되었다. 일이 뜻한 바와 같지 않았기에, 매우 분개하며 동생 환충桓沖에게 "유조遺詔는 내가 제갈무후諸葛武侯나 왕공王公의 고사를 따라 섭정을 하라는 것뿐이다"라는 서신을 보냈다. 그리하여 왕탄지와 사안이 장례의 대사를 맡았을 때, 매일 원한을 조금씩 품었다.

溫初望簡文臨終禪位於己, 不爾便爲周公居攝. 事旣不副所望, 故甚憤怨, 與弟沖書曰: "遺詔使吾依武侯, 王公故事耳." 王謝處大事之際, 日憤憤少懷.

이후 사마요司馬曜가 즉위하여 효무제孝武帝가 되었다. 효무제는 사안을 보내어 환온을 보정대신補政大臣으로 임명하고 조정으로 불러들였다. 그런데 도성으로 올라온 환온은 선제先帝: 간문제를 말함의 능묘를

참배하고 집으로 돌아오자 병상에 누워 일어나지 못했다. 병상에 누운 그는 생명이 다함을 느끼고, 조정을 보고 빨리 '구석문'九錫文을 지어오라고 명령한다. 그러나 사안 등이 그가 위독함을 알고 석문錫文의 완성을 늦추는 사이 죽으니, 373년 향년 62세였다. 그의 사후 조정의 군력은 상서복야尚書僕射인 사안에게로 넘어가게 된다.

이상이 대사마大司馬 환온의 일대기다. 그는 또한 많은 일화를 남겼는데, 그의 이름인 '온'溫과 관련하여 다음의 일화가 전한다.『진서』의 기록을 보자.

환온의 자는 원자元子로 선성태수宣城太守 환이의 자식이다. 태어난 지 아직 돌이 지나지 않아, 태원太原의 온교溫嶠가 그를 보고, "이 아이는 기골이 범상치 않으니, 시험 삼아 울려보세" 하였다. 환이와 더불어 그 소리를 듣고는 "참으로 영특한 인물이로다!"라고 칭찬하였다. 환이는 온교가 칭찬하니, 이름을 온교의 성을 따서 '온'溫이라 불렀다. 그러자 온교가 웃으며 "과연 이와 같이 내 성을 따서 이름을 지으니, 훗날 내 성을 바꾸어야겠구나" 하였다.

桓溫, 字元子, 宣城太守彝之子也. 生未期而太原溫嶠見之, 曰: "此兒有奇骨, 可試使啼." 及聞其聲, 曰: "真英物也!" 以嶠所賞, 故遂名之曰溫. 嶠笑曰: "果爾, 後將易吾姓也."

또한 환온의 이름과 관련된 서자 환현의 고사가『세설신어』「임탄」任誕 편에 다음과 같이 전한다.

환남군桓南郡 환현이 태자太子 세마洗馬로 초빙되어, 배를 적저荻

渚에 정박하고 있을 때였다. 왕침王忱이 오석산[16]을 복용한 뒤라 약기운에 취한 채 환현을 만나러 갔다. 환현이 그를 위해 술을 차렸는데, 왕침은 (오석산을 복용하여) 차가운 술을 마실 수 없었기 때문에, 좌우 시종들에게 "술을 데워溫오도록 하라!"고 했다. 그 말을 들은 환현이 눈물을 흘리면서 울먹이자, 머쓱해진 왕침王忱이 떠나려 하니 환현은 수건으로 눈물을 훔치며 왕침에게 "우리 집안의 가휘家諱[17]를 범한 것인데 당신과 무슨 상관이 있소?"라고 말했다. 왕침이 감탄하며 "영보靈寶: 환현을 말하는 정말로 뛰어나도다!"라고 말했다.

　　桓南郡被召作太子洗馬, 船泊荻渚; 王大服散後已小醉, 往看桓. 桓爲設酒, 不能冷飯, 頻語左右: "令溫酒來!"桓乃流涕嗚咽. 王便欲去. 桓以手巾掩淚, 因謂王曰: "犯我家諱, 何預卿事?"王歎曰: "靈寶故自達!"

위의 일화는 매우 흥미롭다. 일단 당시에도 벌써 귀족들 간에 마약이 유행하고 있었다는 것을 알 수 있고, 또한 환온이 서자인 환현을 매우 아꼈던 것처럼 환현 역시 부친에 대한 효성이 지극함을 알 수 있다.

---

16 오석산五石散: 후한 때부터 당나라 시대에 걸쳐 유통된 마약. 오석산을 복용하면 피부가 민감해지고 몸이 따뜻해지는데, 이를 산발散發이라고 한다. 따라서 몸을 식히는 차가운 것의 복용은 금지되었다. 왜냐하면 산발이 일어나지 않고 약이 몸속에 머무르면 중독을 일으켜 죽였기 때문이다. 그래서 산발 상태를 유지하기 위해 끊임없이 돌아다녀야 했고, 이 행위를 행산行散이라고 했다. 이 행산이 산책散策이라는 말의 어원이 되었다고도 한다.

17 부친父親이나 조부祖父의 이름을 가리키는데, 여기서는 환현의 부친인 환온의 휘諱를 가리킨다.

오석산을 복용하여 차가운 술을 먹을 수 없었던 왕침이 "술을 데워 오라"溫酒來고 말할 때 '온'溫자가 환현 부친의 휘諱를 범하였다. 즉, '피휘'避諱를 하지 못한 것이다. 당시에는 가휘家諱를 매우 중시하여, 부친의 사후에 생전의 휘를 말하는 것을 금했는데, 이처럼 왕침이 그 휘를 말하자, 환현이 돌아가신 부친에 대한 그리움으로 눈물을 흘렸다는 것이다.

이처럼 각별한 부자 사이였던 환온과 환현은『진서』「열전」列傳의 가장 마지막에 그 일대기가 실려 있다. 반역을 한 사람들을 기술하는「재기」載記 편은 가장 마지막, 심지어「열녀」烈女 편과「사이」四夷: 사방의 오랑캐들 역사 편보다도 뒤에 실려 있는데, 이로써 후대에서 이들 부자를 바라보는 관점이 어떠하였는지를 보여주고 있다.

환온과 관련해서는 여러 가지 고사성어가 전한다. 먼저, 347년 그가 촉 땅을 정복하러 갈 때의 일이다.『세설신어』「출면」黜免 편에 실려 있는 유명한 고사를 소개한다.

환온이 촉 땅을 정벌하러 가는데 삼협三峽이라는 협곡을 지났다. 군사 한 명이 숲에서 새끼 원숭이를 잡아 배로 돌아왔다. 그러자 새끼를 빼앗긴 어미 원숭이는 100여 리를 슬피 울며 따라왔다. 배가 강기슭에 다다르자 어미 원숭이가 배로 뛰어들었지만 안타깝게도 죽고 말았다. 사람들이 배를 갈라 보니 어미 원숭이는 얼마나 슬펐던지 창자가 모두 끊어져 있었다고 한다. 환온이 노하여, 그 군사를 내치라 명하였다.

桓公入蜀, 至三峽中, 部伍中有得猿子者. 其母緣岸哀號, 行百餘里不去, 遂跳上船, 至便即絕. 破視其腹中, 腸皆寸寸斷. 公聞之, 怒, 命黜其人.

이 고사에서 우리가 잘 아는 '단장'斷腸이란 고사성어가 유래하였다. 그런데 이 단어는 중국에서는 '단장'이란 말 이외에 '단원'斷猿 또는 '단장원'斷腸猿이라고 쓰인다. 그다음 고사를 살펴보자.

동진의 12대 황제인 간문제簡文帝 때의 일이다. 환온의 세력이 날로 커지자 간문제는 환온을 견제하기 위해 은호殷浩라는 사람을 발탁하여 건무장군建武將軍 양주자사揚州刺史에 임명했다. 그는 환온의 어릴 때 친구로서, 학식과 재능이 뛰어난 인재였다. 그러나 은호가 벼슬길에 나아간 후부터 두 사람은 정적政敵이 되어 서로 반목하였다. 왕희지가 화해시키려고 했으나 서로 듣지 않았다.

그 무렵, 오호 십육국 중 하나인 후조後趙의 왕 석계룡石季龍이 죽고 호족胡族 사이에 내분이 일어나자 동진에서는 이 기회에 중원 땅을 회복하기 위해 은호를 중원장군에 임명하여 출정을 명한다. 그러나 은호는 도중에 말에서 떨어지는 바람에, 제대로 싸우지도 못하고 결국 대패하고 돌아왔다. 환온은 기다렸다는 듯이 은호를 규탄하는 상소를 올려 그를 변방으로 귀양 보내고 말았다. 그리고 환온은 사람들에게 은호에 대해 인물평을 하는데, 그때 한 말이 『세설신어』 「품조」品藻 편에 아래와 같이 전한다.

은호가 서인庶人으로 폐함을 당하고 난 뒤, 환온은 주위 사람들에게 "은호는 나와 어릴 때 같이 죽마竹馬를 타고 놀았지만, 내가 죽마를 버리면 은호가 늘 가져가곤 했지. 그러니 그가 내 밑에서 머리를 숙여야 하는 것은 당연한 일이 아닌가"라고 말하였다.

殷侯既廢, 桓公語諸人曰: "少時與淵源共騎竹馬, 我棄去, 己輒取之, 故當出我下."

위의 일화에서 유래한 성어가 바로 우리가 잘 아는 '죽마고우'竹馬故
友다. 어릴 적부터의 아주 친한 친구를 의미하는데, 위의 원전原典에 따
르면 원래는 약간 비하卑下하는 의미가 있음을 알 수 있다.[18]

마지막으로, 그가 제2차 북벌을 마치고 동진의 권력을 한 손에 움켜
쥐었을 때의 일화다. 『진서』에 전하는 일화는 다음과 같다.

환온의 천성은 검소하여, 매번 잔치하면서도 오직 정해진 쟁반
7개의 차와 과자만을 내었다. 그러나 마음에 야심이 있고, 세력이
강하여, 조정을 멋대로 전횡하고, 바라서는 안 될 꿈황제가 되려는 꿈
을 틈만 나면 모색하였다. 그는 어느 날 가까운 이들을 누워 대하며
"나라가 이와 같이 조용하니, 한漢나라를 개혁한 문제文帝, 경제景帝
에게 장차 내가 비웃음을 사겠구나" 하니 아무도 감히 대답하지 못
했다. 그러자 베개를 누르며 일어나 "이미 (공적을 쌓을 시간이 얼
마 없어) 명성이 후대에 길이 전해질 수도 없고, (그렇다고 쌓은 공
적이 적지 않으니) 더러운 이름을 후세에 오래 남기기에도 부족하
구나!"라고 하였다.

溫性儉, 每燕惟下七奠柈茶果而已. 然以雄武專朝, 窺覬非望, 或臥
對親僚曰: "爲爾寂寂, 將爲文景所笑." 衆莫敢對. 既而撫枕起曰: "既
不能流芳後世, 不足復遺臭萬載邪!"

18 『속진양추』續晉陽秋에도 다음과 같은 기록이 나온다. '간문제는 정치를 보좌하기 위해
은호를 양주자사에 임명하니, 곧 환온을 견제하려 함이었다. 그러나 환온은 은호를 경시
하여, 이를 대수롭지 않게 생각했다.'
『續晉陽秋』曰: '簡文輔政, 引殷浩爲揚州, 欲以抗桓. 桓素輕浩, 未之憚也.'

위의 고사에서 유래되는 말이 바로 꽃다운 이름이 후세에 길이 전한다는 뜻의 '유방백세'流芳百世와 더러운 이름을 영원히 남긴다는 뜻의 '유취만년'遺臭萬年이다.

이상으로 환온에 대한 이야기를 마치고, 이제 난정의 얘기로 돌아가자. 그날 난정의 연회에 용항 환씨 가문을 대표하여 참석한 사람은 환온의 5남인 환위다. 그에 대해서는 『진서』 「열전」에서 짧게 전한다.

환위의 자는 유도幼道로, 성격이 공평하고 후하며 독실하여, 번진藩鎮에 머물 때에도 백성들에게 그들이 원하는 바를 행하였다.

偉字幼道, 平厚篤實, 居藩爲士庶所懷.

그는 아버지의 뒤를 이어 형주자사를 지냈고, 서창후西昌侯를 역임하였으며, 표기장군驃騎將軍에 봉해졌다. 그는 이날 난정의 모임에서 오언시 한 수를 남기는데, 그의 성격만큼이나 온화한 시다. 다음은 상세 창추世昌의 『난정고』蘭亭考에 실려 있는 오언시다.

주인왕희지은 비록 회포가 없다지만
사람들은 나름의 세상사 근심이 있는 법.
공자께서 기수가에서 즐겼을 때
조용하지만 맘속에 생기가 넘쳐 흐르셨다네.
몇몇 제자들은 제 나름의 생각을 말함에
증점曾點만이 홀로 맑은 소리로 노래 불렀다네.
오늘의 놀이가 이처럼 즐거우니
세상사 근심 또한 잠깐 사이에 다 풀어지누나.

主人雖無懷

應物貴有尙[19]

宣尼邀沂津

蕭然心神王[20]

數子各言志

曾生發淸唱

今我欣斯遊

慍情[21]亦暫暢

이날 난정연회에 참석한 인사들은 각자의 가문을 대표하는 인물들로서 각자의 '고민' 즉 '회'懷를 가지고 있었으며, 이를 '풀어버렸다'라고 시를 통해 여러 차례 밝히고 있다. 그러나 이러한 비유가 역설적으로 이들 가문간 갈등의 조정이 쉽지 않았음을 말해준다고 볼 수 있다.

19 물物은 인人 즉 타인을 일컫는다. 상尙은 회懷의 다른 표현이다.

20 심신왕心神王: 마음속에 생기가 넘쳐흐름을 일컫는 말로 『장자』莊子 「양생주」養生主에 나온다.

21 온정慍情은 회懷의 다른 표현이다.

난정연회蘭亭宴會의 마지막 주역, 손작

이 글에서는 난정연회蘭亭宴會의 마지막 주역으로 손작孫綽이란 인물을 소개하고자 한다.

손작은 자字가 흥공興公으로, 태원太原 손씨孫氏 출신이나. 그는 난정집회가 열린 당시 이미 동진東晉에서 가장 유명한 문장가였다. 그가 얼마나 유명한 문장가였는지를 알 수 있는 일화가 『진서』晉書 「손초전」孫楚傳에 아래와 같이 실려 있다.

손작은 젊어서 글재주로 이름이 났는데, 당시의 문사文士들은 모두 그를 우두머리其冠로 삼았었다. 온교溫嶠, 왕도王導, 치초郗超, 유량庾亮 등 높은 관리들이 죽으면, 반드시 손작이 비문을 적은 후에야 돌에 새겼을 정도였다.

綽少以文才垂稱, 于時文士, 綽爲其冠. 溫, 王, 郗, 庾諸公之薨, 必須綽爲碑文, 然後刊石焉.

손작은 왕희지가 회계태수會稽太守로 있던 목제穆帝 영화永和 연간에 회계 땅에 거주하고 있었으며, 따라서 난정연회 이전에도 이미 왕희지와 승려 지둔支遁 등과 자주 어울렸다.『진서』「왕희지전」王羲之傳에 다음과 같은 기록이 나온다.

왕희지는 경사京師에 있는 것을 좋아하지 않아, 절강浙江 지방으로 건너오자 죽을 때까지 머물길 원했다. 회계는 산수가 아름다워 명사들이 많이 살았다. 예컨대 사안도 벼슬길에 나가기 전에는 여기서 살았으며, 문장으로 이름을 날리던 손작, 이충李充, 허순許詢, 지둔 등도 모두 동쪽 땅에 집을 짓고 살았다. 따라서 왕희지와 뜻이 맞아 자주 어울렸다.

羲之雅好服食養性, 不樂在京師, 初渡浙江, 便有終焉之志. 會稽有佳山水, 名士多居之, 謝安未仕時亦居焉. 孫綽, 李充, 許詢, 支遁等皆以文義冠世, 並築室東土, 與羲之同好.

따라서 원래 왕희지와 친분이 있던 그는 이날 난정집회에 당시 최고의 문종文宗 자격으로 초대받으니, 연회의 주인인 왕희지에 이어 당연히 또 하나의 서문序文을 쓰게 된다. 이 서문을 당나라 때 쓴『예문유취』藝文類聚란 책에서는 「삼월삼일난정시서」三月三日蘭亭詩序란 제목으로 소개하고 있으며, 송宋나라 상세창桑世昌이 쓴『난정고』蘭亭考에서는 왕희지 서문 뒤에 붙어 있는 서문이라 하여 「후서」後序라고도 이름 붙인다. 또한 청淸나라 건륭제乾隆帝 때 궁중에 소장된 난정서 임모본을 모아 만든『난정팔주첩』蘭亭八柱帖에는 왕희지가 쓴 서문을 「사언시서」四言詩序, 손작의 서문을 「오언시서」五言詩序라 소개하고 있다. 어쨌건 당시 문명文名이 높았던 손작이 서문을 썼다는 사실로 미루어, 집회를 주최한 왕희지가 주인 자격으로 형식적인 서문을 쓰고, 사실상의 서문은 당대 최고의 문장가였던 손작에게 부탁하였을 것으로 보는 것이 자연스럽다. 그런데 왕희지의 글씨가 워낙 유명해지는 바람에, 그날 모임의 진정한 서문인 손작의 글은 후대에 주목을 받지 못하는 결과가 되어버린 셈이다.

그러면 손작은 어떤 인물이었는지 좀 더 자세히 살펴보자. 당시 그의 글재주가 어느 정도였는지를 묘사하는 글이 『진서』「손초전」에 다음과 같이 소개되어 있다.

또 손작은 일찍이 「유천태산부」遊天臺山賦를 짓고는 친구인 범영기范榮期에게 읽어보라고 주면서 "시험삼아 땅에 한번 던져보게나. 금석金石의 소리가 날 걸세"라고 말했다. 범영기는 "설마 그대가 말한 금석의 소리라는 것이 악기에서 나는 소리를 말하는 것은 아닐테지"라고 대답하였는데, 글을 읽어보니 구절마다 아름다운 표현인지라, "응당 우리들도 글을 지으려면 이렇게 지어야 해!"라고 감탄하였다.

嘗作「天臺山賦」, 辭致甚工, 初成, 以示友人范榮期, 云: "卿試擲地, 當作金石聲也." 榮期曰: "恐此金石非中宮商." 然每至佳句, 輒雲: "應是我輩語."

위의 고사에서 최고의 문상을 일컫는 척지금성擲地金聲[22]이란 고사

---

22 척지금성擲地金聲: 땅에 던지면 아름다운 소리가 난다는 의미로, 아름다운 문장을 비유한다.

성어가 유래되었다.

그의 가문은 태원 손씨 가문인데, 당시 권문세가인 왕씨王氏, 사씨謝氏, 치씨郗氏 등과 같은 사족士族은 아니었다. 태원 손씨의 시조始祖 격인 인물은 손자孫資란 사람인데, 조조曹操가 건국한 위魏나라에서 그다지 높지 않았던 비서랑秘書郎 벼슬을 하였다는 기록이 『삼국지집해』三國志集解 「유방전」劉放傳에 나온다. 당시 사족들이 지배하던 동진사회에서 비교적 낮은 가문 출신이었던 손작은, 그러나 뛰어난 글재주와 박식한 도교道敎에 대한 지식으로 왕씨나 사씨 집안 등 세도가와 교류를 이어간다.

그가 지은 「유천태산부」遊天臺山賦를 읽어보면, 불교와 도교가 뒤섞여 있다. 당시는 불교가 초창기여서, 도교를 적극 수용하여 사상적 깊이를 넓혀가던 시기였다. 그래서인지 불교와 도교라는 이질적인 종교가 당시에는 현학이란 이름하에 별다른 마찰 없이 병존하고 있었던 것이다. 예컨대 당시 가장 유명한 승려였던 지둔은 『장자』莊子 「소요유」逍遙遊의 주석을 달 정도로 도교에 대한 지식이 깊었다. 손작은 당시 유명 인사였던 승려 지둔 및 도인道人 허순 등과 교류하였는데, 그에 대한 일화가 다음과 같이 『진서』에 전한다.

손작은 당시 유명한 도인이었던 허순과 이름을 다투었는데, 승려인 지둔이 "그대와 허순을 비교하면 어떠하오?"라고 묻자 손작은 "고아한 정취로 말하자면 제가 머리를 숙여야겠지만, 한 번 읊조리고 한 번 노래하며 짓는 시문에 관해서는 허순이 저를 스승으로 삼아야 할 것北面입니다"라고 대답하였다.

綽與詢一時名流, 或愛詢高邁, 則鄙於綽, 或愛綽才藻, 而無取於詢.

沙門支遁試問綽: "君何如許?" 答曰: "高情遠致, 弟子早已伏膺. 然一詠一吟, 許將北面矣."

한편 그의 성격이 어떠하였는지를 나타내는 일화가 다음과 같이 전한다.

손작은 성격이 솔직하여 나무라는 것을 좋아하였다好譏調. 성질 급한 손작이 앞서가다가, 뒤에 처진 습착치習鑿齒: 동진의 뛰어난 문장가를 보고 "모래를 걸러내면 기와와 돌은 뒤에 남는 법이지沙之汰之 瓦石在後"라고 말하자 습착치가 답하길, "키를 까부르고 날리면, 속에 든 게 없는 쭉정이와 겨는 앞에 떨어진다네簸之揚之 糠秕在前"라고 답하였다.

綽性通率, 好譏調. 嘗與習鑿齒共行, 綽在前, 顧謂鑿齒曰: "沙之汰之, 瓦石在後." 鑿齒曰: "簸之揚之, 糠秕在前."

습착치習鑿齒는 동진시대, 문장과 사재史才로 이름을 떨쳤던 인물이다. 그는 「후출사표」後出師表를 인용한 『한진춘추』漢晉春秋의 저자로도 유명하다. 『한진춘추』란 책의 가장 큰 특징은 조위曹魏를 정통으로 삼지 않고, 촉한蜀漢을 후한後漢의 정통성을 계승한 나라로 본 최초의 저서라는 점이다. 이러한 촉한정통론蜀漢正統論에 입각한 서술이 나오게 된 것은 환온과 연관이 있다. 환온이 당시 왕조찬탈의 야망을 품고 있었는데, 습착치는 이것이 올바른 생각이 아니라 여기고, 이를 바로잡고자 『한진춘추』를 지었던 것이다. 이러한 『한진춘추』에서 시작된 촉한정통론은 훗날 명明으로 들어서면서 나관중의 『삼국지연의』三國志演義로 연결되어 나간다.

한편 손작의 성격에 관한 또 하나의 일화가 『세설신어』「가휼」^{假譎}
편에 다음과 같이 전한다.

왕문도^{王文度}의 동생인 왕아지^{王阿智}는 성격이 고약한 데다가 벼
슬에 나가지 못해 나이가 차도록 결혼을 못 하고 있었다. 한편 손흥
공^{孫興公}에게 딸이 하나 있었는데 성격이 나빠 시집을 보내지 못하
고 있었다. 어느 날 그가 왕문도를 찾아와 왕아지를 보길 청한 뒤,
"세상 사람들이 말하는 바를 믿을 게 못되니, 이런 인물이 어찌 아
직도 장가를 못 가고 있단 말입니까? 저에게 딸이 하나 있는데 별
로 밉지 않습니다. 다만 제가 가난한 선비라, 경^卿께서 저와 더불어
혼사 맺기 마땅치 않으시겠지만, 원컨대 왕아지와 제 딸을 혼인시
킴이 어떨는지요?" 하고 입에 발린 말^{便陽}을 하였다. 왕문도가 기뻐
결혼을 시키고 나니, 여식의 완악함이 왕아지를 능가하는지라, 그
제서야 손작에게 속은 줄을 알았다.

王文度弟阿智, 惡乃不翅, 當年長而無人與婚. 孫興公有一女, 亦
僻錯, 又無嫁娶理. 因詣文度, 求見阿智. 既見, 便陽言: "此定可, 殊
不如人所傳, 那得至今未有婚處? 我有一女, 乃不惡, 但吾寒土, 不
宜與卿計, 欲令阿智娶之."……既成婚, 女之頑囂, 欲過阿智. 方知
興公之詐.

이런 일화 등을 이유로 『세설신어』「경저」^{輕詆} 편에서는 손작에 대해
"당시 사람들은 그의 재주에 환호하였지만 그의 성격에 대한 평가는
좋지 않았다^{時咸笑其才而性鄙}"고 한마디로 평가한다.

그러면 당시 문명^{文名}을 떨치고 있었던 그의 글을 한 번 살펴보자.

손작의 대표작으로 꼽히는 「유천태산부」는 다음의 유명한 구절로 시작된다.

태허太虛는 아득히 넓어 이름도 없었으니
자연의 '묘유'妙有를 운행하도다.

太虛遼廓而無閡
運自然之妙有

이 문장이 실려 있는 『문선』文選에 대한 가장 권위 있는 해석인 이선李善의 주注를 보면, "태허는 곧 하늘을 말한다"太虛, 謂天也고 되어 있다. 이어서 "자연이란 곧 도를 말한다"自然, 謂道也고 풀이하고 있다. 그 다음 '묘유'妙有란 단어는 "있다고 말하려 하나 볼 수가 없으니 곧 있는 것이 아니다. 고로 '묘'妙라 말한 것이요, 사물이 생겨난 이치를 말하려 하니 곧 없는 것이 아니다. 고로 '유'有라 말한 것이라. 즉, 이것은 없는 가운데 있는 것을 말한 것이니, 일컬어 '묘유'라 한 것이다"[23]라고 '묘유'의 의미를 적확的確하게 풀이하고 있다.

이러한 주석을 토대로 '태허요곽이무애 운자연지묘유'太虛遼廓而無閡 運自然之妙有란 구절을 다시 의미 위주로 해석해보면, "하늘天은 아득히 넓어 이름도 없으나, 도道: 또는 자연라고 하는 '있는 듯 없는 듯'한 이치를 운행하고 있도다"라고 해석할 수 있다. 손작이 이 문장에서 처음 사용한 이 '묘유'란 단어는, 그 깊이 덕분에 이후 불교에서 받아들여져

---

23 欲言有, 不見其形, 則非有, 故謂之妙; 欲言其物由之以生, 則非無, 故謂之有也. 斯乃無中之有, 謂之妙有也.

'진공묘유'^{眞空妙有} 등으로 불교 경전 등에 자주 사용되는 단어가 된다. 동진시대 당대 최고의 현학자^{玄學者} 겸 문장가로 손꼽히던 손작의 대표작다운 글귀라고 할 수 있다. 그러면 이러한 손작이 지은 시는 어떠할까. 그가 난정에서 지은 시로 사언시 한 수, 오언시 한 수 도합 두 수가 전해오는데, 사언시보다 오언시가 더 빼어나 오언시를 다음과 같이 소개한다.

전해오는 풍속으로 굽이진 물가에서 액운을 떨치니
머문 구름은 그윽한 숲을 덮었네.
꾀꼬리는 긴 대숲 사이에서 노래하고
물속의 고기들은 물결을 희롱하고 있네.
붓이 가면 아름다운 시어^{詩語}가 떨어지고
뜻 깊은 말들^{微言}이 붓끝에서 쪼개져 나오네.
이 봄의 진수성찬이 어찌 달지 않으리오마는
음식 맛을 잊음은 아름다운 음악소리 때문이라네.

流風拂枉渚
亭雲蔭九皐
嚶羽吟修竹
游鱗戲蘭濤
雋筆落雲藻
微言剖纖毫
時珍豈不甘
忘味在聞韶

먼저 '유풍불왕저'流風拂枉渚의 '유풍'은 '전해오는 풍속', 즉 "초봄에 물에 몸을 씻어 액운을 멀리하는 계사禊事"를 의미한다. 이날 난정의 모임은 계사를 핑계로 모인 것이므로 그 모임의 주제로 시를 시작하고 있는 것이다.

그다음 구절인 '정운음구비'亭雲蔭九皐의 '구비'九皐는 "그윽한 숲"을 의미한다. 바로 '타산지석'他山之石이란 사자성어로 유명한 『시경』詩經 「소아」小雅편의 '학명'鶴鳴을 전고典故한 것이다.

> 학鶴이 '구비'九皐에서 울어도
> 소리가 들에서도 들리느니라.
> ……
> 다른 산의 돌이라도
> 내 산의 옥玉을 가는 숫돌이 될 수 있느니라.

> 鶴鳴于九皐
> 聲聞于野
> ……
> 他山之石
> 可以爲錯

오언시의 그 다음 문장인 '영우음수죽 유어희난도'嚶羽吟修竹 游鱗戱蘭濤는 뛰어노는 꾀꼬리嚶羽와 헤엄치는 물고기游鱗에 시인의 감정을 이입하여 표현한 문장이다. 즉, '노래하다'는 의미의 '음'吟과 '뛰어논다'는 의미의 '희'戱를 써서 자연을 대하는 자신의 기쁜 마음을 표현하고 있는 것이다. 중국의 경우 동물들이 내는 소리를 표현한 단어들, 예컨

대 '입口+동물'의 형태인 '명'鳴: 새소리, '폐'吠: 개소리, '우'吽: 소소리, '미'
咩: 양소리, '마'嗎: 말소리=罵 등은 모두 객관적인 동물들이 내는 '소리'일
따름이다. 이들 소리에 어떤 감정을 싣고자 한다면, 사람들이 감정을
표현할 때 쓰는 단어들, 예컨대 슬플 때는 '제'啼: 울다, 기쁠 때는 '음'吟:
노래하다 등의 단어를 써서 자신의 감정을 표현하는데, 여기서도 즐거운
봄날을 맞는 자신의 기쁜 감정을 '음'吟과 '희'戱란 단어로 이입시켜
표현하는 것을 볼 수 있다.

그다음 구절인 '준필낙운조'雋筆落雲藻의 '준필'雋筆은 다른 판본에서
는 '휴필'攜筆로도 표기가 되어 있는데, 결국 이날 모인 기라성 같은 문
인들을 지칭하는 말로 사용되고 있다. '운조'雲藻의 '조'藻란, 물이 많
은 중국 남방 지역의 수초水草를 뜻하는데 그 모양이 아름다워서 '아
름다운 문장'을 뜻하는 말로도 자주 사용된다. 특히 동진시대에 이러
한 용법으로 자주 사용되는데, 예컨대 손작의 「유천태산부」에도 다음
과 같이 '분조'奮藻: 화려한 문사를 펼침라는 표현이 등장한다.

생각하고 읊조리고 싶은 지극한 마음을 참아내지 못하여
잠시 화려한 문사를 펼쳐奮藻, 회포를 푸노라.

不任吟想之至
聊奮藻以散懷

따라서 여기서의 '운조'雲藻란, "아름다운 시어들이 구름같이 모임"
이란 의미로 해석할 수 있겠다.

그다음 구절의 '미언부섬호'微言剖纖毫의 '미언'微言은 앞 구절의 '운
조'와 대구를 이루는 말이다. 즉, '운조'가 "화려한 문장"을 의미한다

면, '미언'微言은 "뜻이 깊은 문장", 즉 "은미隱微하고 함축적인 문장"을 뜻한다.

마지막 연인 '시진기불감 망미재문소'時珍豈不甘, 忘味在聞韶는 "이 봄의 진수성찬이 어찌 달지 않으리오마는, 음식 맛을 잊음은 아름다운 음악소리 때문이라네"라는 의미다. 이날 모임이 아름다운 자연3, 4구, 좋은 벗들과 뛰어난 문장5, 6구, 그리고 마지막으로 맛있는 음식과 아름다운 음악7, 8구이 모두 갖추어진 흠잡을 데 없는 연회였다는 것을 우회적으로 표현한 멋있는 마무리 표현이다. 역시 당시 가장 뛰어난 문장가로 손꼽히던 손작다운 시라고 할 수 있다. 마지막 구절에 나오는 '소'韶의 본래 의미는 "순舜 임금의 음악"이란 뜻이다. 고대에는 임금마다 자신의 음악이 있었다. 『장자』「천하」天下 편을 보자.

황제黃帝에게는 '함지'咸池란 음악이 있었고 요堯 임금에게는 '대장'大章이란 음악이 있었고 순舜 임금에게는 '대소'大韶란 음악이 있었고 우禹 임금에게는 '대하'大夏란 음악이 있었고 탕湯 임금에게는 '대호'大濩란 음악이 있었고 문왕文王에게는 '벽옹'辟雍이란 음악이 있었으며 무왕武王과 주공周公은 '무'武라는 음악을 만들었다.

黃帝有咸池, 堯有大章, 舜有大韶, 禹有大夏, 湯有大濩, 文王有辟雍之樂, 武王周公作武.

한편, 왕희지가 쓴 서문에는 '수무사죽관현지성'雖無絲竹管絃之聲이라 하여, "비록 (난정의 모임에) 성대한 관악기, 현악기들의 연주는 없지만"이란 표현이 있다. 그러나 이날 난정의 모임에 성대한 음악 연주가 없다는 표현은, 왕희지가 자신이 롤 모델로 삼고 있는 석숭의 '금곡연

회'金谷宴會에 비해 여러 가지가 모자란다는 겸사謙辭일 따름이지 음악
이 없었다는 의미는 아님이 이 시詩에 의해 증명되는 셈이다. 오히려
손작의 시에 의하면 매우 격조 있는 음악연주까지 곁들인 '봄날의 아
회雅會'였음이 분명해진다.

손작의 난정후서蘭亭後序

이 글에서는 앞에서 언급한 바 있는 손작孫綽의 「난정후서」蘭亭後序를 소개하겠다. 난정의 모임하면 사람들은 왕희지의 「난정서」를 떠올리지만, 사실은 이날 지어진 서문序文이 하나 더 있었다. 이것이 바로 당대 최고의 문장가로 손꼽힌 손작의 「난정후서」 또는 「오언시서」五言詩序로 일컬어지는 문장이다. 먼저 내용을 소개한다.

  1.
  옛사람이 사람의 성정性情을 물에 비유했으니 뜻이 있도다. 물은 가만히 두면停 맑은데, 섞이면淆 흐려지기 때문이 아닐까?

  古人以水喻性, 有旨哉. 非以停之則清, 淆之則濁耶.

손작은 당대의 사상가답게 첫 문장부터 범상치 않게 시작한다. 마치 「유천태산부」遊天台山賦의 첫 구절처럼 말이다. 필자는 이 글을 처음 접한 이래, 이 짧은 첫 문장이 제대로 이해되지 않아 나름대로 그 의미를 해석하기 위해 오랫동안 노력해왔다.

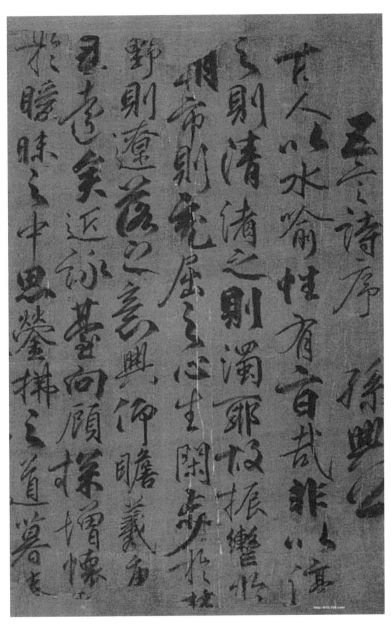

손작의 「난정후서」蘭亭後序 또는 「오언시서」五言詩序. 당唐나라 명필 유공권柳公權의 글씨書, 견본絹本, 행서
行書, 가로 26.5cm, 세로 365.3cm. 중국 북경고궁박물원北京故宮博物院 소장.

주지하는 바와 같이, 유교와 도교는 위진魏晉 당시에도 중국사상의 양대 줄기였다. 하지만 남북조시대로 접어들면서 사회가 불안해지자 동진시대에는 현학을 중심으로 한 도교가 크게 유행하였다는 것은 이미 말한 바 있다. 그 당시 손꼽히는 현학의 대가가 바로 손작이었다. 따라서 손작이 첫 문장을 '현언'玄言으로 시작한 것은 어찌 보면 매우 자연스러운 일이었다.

먼저 "사람의 성정性情을 물에 비유했다"는 '이수유성'以水喩性이 무슨 문장을 가리키는 것일까. 먼저, 유교 경전을 살펴보면 '이수유성'이라 볼 수 있는 경우가 『논어』論語에 한 군데, 『맹자』孟子에 한 군데로 모두 두 군데 정도 나온다고 할 수 있다. 이들을 살펴보면 먼저 『논어』 「옹야」雍也 편에 '지자요수'智者樂水란 유명한 구절이 나온다. 즉 "'물의 본성'이란 막히면 돌아가고, 높은 데서 낮은 데로 흐르듯 순리대로 흐르는 것이므로, 지혜로운 사람이란 바로 이처럼 순리를 따라서 흘러가는 '물의 속성'을 좋아하는 사람이다"란 뜻인데, '인자요산'仁者樂山이란 구절과 함께 공자孔子께서 남기신 최고의 명언 중 하나로 손꼽히는 구절이다.

다음으로 『맹자』 「고자 상」告子上 편을 보면, 맹자께서 고자告子와 물에 대해 논쟁하는 장면이 나온다. 즉, 고자는 "사람의 성정은 물과 같다. 동쪽 방향으로 물길을 잡으면 동쪽으로 흐르고, 서쪽 방향으로 물길을 잡으면 서쪽으로 흐르니, 사람의 성정도 본시 착하거나 착하지 않음이 없는 것이 마치 물의 흐름이 동쪽 서쪽 정해지지 않음과 같다"[24]고 한다. 이에 대해 맹자가 "물은 동쪽과 서쪽의 구분이 없지만,

---

24 性猶湍水也. 決諸東方則東流, 決諸西方則西流. 人性之無分於善不善也, 猶水之無分於東西也.

상하의 구분도 없겠는가. 사람 본성이 선함은, 마치 물이 아래로 내려가려 함과 같으니, 사람이 선함이 없다는 것은 마치 '물이 아래로 내려가지 않는다'고 하는 것과 같다"[25]고 반박한다. 즉, 『논어』나 『맹자』나 전체적으로는 '물의 움직임'水之動에 주목해 사람의 지혜나 사람 본성의 선함을 비유하고 있다.

이에 비해, 도교에서 '물에 대한 비유'는 "물의 흐름이 멈춘 상태"水之靜에 초점을 맞추고 있다. 예컨대 『장자』莊子 「덕충부」德充符 편을 보면 다음의 구절이 나온다.

"덕이 드러나지 않는다 함은 무엇을 말하는 게요?" 물으니 "물이 멈춘 상태를 수평이라 하는데 이를 기준法으로 삼을 수 있음은 속에 고요함을 지닌 채 겉으로 넘치지 않기 때문입니다. 덕이란 조화를 이룸이니, 그것이 겉으로 드러나지 않으면 사람들은 그러한 사람을 떠나지 못하는 겁니다"라고 대답했다.

"何爲德不形?" 曰: "平者, 水停之盛也. 其可以爲法也, 內保之而外不蕩也. 德者, 成和之脩也. 德不形者, 物不能離也."

또한 『장자』 「천도」天道 편에는 다음과 같이 말한다.

물이 고요하면 눈썹과 수염도 밝게 비추며, 완전한 수평이 되어 위대한 목수라 해도 그것을 법도로 삼는다. 물이 고요해도 맑은데, 하물며 정신이 그러면 어떻겠으며, 성인의 마음이 고요하다면 어

---

25 水信無分於東西, 無分於上下乎. 人性之善也猶水之就下也. 人無有不善, 水無有不下.

떻겠는가? 그것은 하늘과 땅을 비추는 거울이며, 만물을 비추는 거울인 것이다.

水靜則明燭鬚眉, 平中準, 大匠取法焉. 水靜猶明, 而況精神, 聖人之心靜乎! 天地之鑑也, 萬物之鏡也.

마지막으로, 『장자』「각의」刻意 편에는 다음과 같은 구절이 나온다.

물의 본성은 잡된 것이 섞이지 않으면 맑고, 움직이지 않으면 평평하다. 그러나 꽉 막혀 흐르지 않으면 맑아질 수가 없다. 이것은 자연의 덕과 비슷한 형상이다. 그러므로 "순수하여 잡된 것이 섞이지 않고, 고요하고 한결같아 변하지 않으며, 담담히 무위無爲하고, 움직이면 자연의 운행을 따른다"고 말했던 것이다. 이것이 정신을 기르는 도道인 것이다.

水之性, 不雜則清, 莫動則平; 鬱閉而不流, 亦不能清; 天德之象也. 故曰: "純粹而不雜, 靜一而不變, 惔而無爲, 動而以天行", 此養神之道也.

이상에서 볼 수 있듯이, 도교에서는 '물의 흐름이 멈춘 상태', 즉 '수지정'水之靜의 상태를 자신과 다른 사람들을 비춰볼 수 있는 거울같이 맑은 이상적인 상태로 비유하고 있음을 알 수 있다.

그렇다면 본문의 '이수유성'以水喻性이란 '수지동'水之動을 이른 것일까, 아니면 '수지정'水之靜을 이른 것일까. 두말할 필요 없이 도교에서의 비유, 즉 '수지정'을 이른 것이다. 다음에 이어지는 구절들은 이런 맥락을 이해하고 살펴보면 쉽게 이해가 되지만, 그렇지 않을 경우 필자처럼 수년 동안이나 마음속에서 풀리지 않는 수수께끼로 남아 있게 된다. 이 첫 번째 구절을 이해하고 나면, 다음의 두 번째 구절은 이해가 한결 편해진다.

2.
　사람의 감정도 물과 같아서 사람이 모인 곳에서는 탁하게 변해가고, 고요한 자연自然=物과 접촉이 되는 데서 맑은 느낌이 나오게 된다. 그러므로 저자거리朝市에 말을 타고 고삐를 당기노라면振轡 출세한 양 우쭐한 기분充屈之心이 들기 마련이지만, 자연에서 한가로이 걷노라면 생각도 맑아 탁 트이게寥落 된다.

情因所集而遷移, 物觸所遇而興感, 故振轡於朝市, 則充屈之心生, 閑步於林野則寥落之意興.

　이 구절과 관련하여 조선시대 세종 때의 강희안姜希顔이 저술한 『양화소록』養花小錄이란 글에 바로 위의 구절을 인용한 글이 나온다.

　옛사람이 말하기를 "말고삐를 조시朝市에 휘두르면 충굴充詘: 너무 기뻐서 법도를 잃은 모양한 마음이 생기고 자연이 깃든 산야에 한가로이 걸으면 요락寥落한 뜻이 일어난다" 하였다. 이에서 사람의 마음이 처지에 따라 변하고 옮겨가서 방향을 가늠하지 못함을 알겠다. 그러므로 덕을 닦는 선비는 번화하고 시끄러운 곳을 피하고 한가롭고 조용한 곳에 흔연히 나아가 우유자이優遊自怡하여 물루物累에 끌려 매달리지 않으니 이는 예나 지금이나 다 그러했다.

古人云"振轡於朝市則充詘之心生 閑步於林野則寥落之意興."是
知人之一心, 與地變遷 莫知其嚮矣. 故守道養德之士, 厭繁擾, 喜閑
曠, 優遊自怡, 不爲牽縶, 古今一致.

다시 「난정후서」蘭亭後序의 본문으로 돌아가면 요즘은 잘 쓰이지
않는 두 가지 상반된 의미를 가진 단어가 나온다. 즉, '충굴'充詘과
'요락'寥落이다. '충굴'은 강희안의 글에서처럼 "기뻐서 법도를 잃은
모양"이란 뜻으로 쓰이며, '요락'은 '쇄락'灑落, 즉 "맑고 깨끗하다"
는 의미로 쓰인다. 이 '쇄락'이란 단어는 송宋나라 때 황정견黃庭堅이
유명한 유학자 주돈이周敦頤의 인품을 묘사할 때 다음과 같이 사용되
기도 했다.

용릉의 주무숙주돈이를 말함은, 인품이 진실로 고상하고, 가슴속
에 품은 생각이 맑고 깨끗하여, 마치 비가 갠 뒤의 상쾌한 경치光風
나 비가 갠 밤하늘의 밝은 달霽月과 같았다.

春陵周茂叔 人品甚高 胸懷灑落 如光風霽月.

이에 따라 이후로는 욕심이 없는 훌륭한 사람의 인격을 묘사하는 단
어로 '쇄락' '광풍제월'光風霽月, '소쇄'瀟灑란 단어가 사용되는데, 본문
의 '요락'이란 단어가 이들 중 '쇄락'의 원형이라 볼 수 있다. 참고로,
앞서 「왕희지 가문의 일화」에서 소개한 바 있는 전남 담양의 소쇄원
瀟灑園에는 광풍각光風閣과 제월당霽月堂이란 누각이 있다. 이 소쇄원을
세운 조선 중종中宗시대 양산보梁山甫는 은사인 조광조趙光祖의 깨끗했
던 인품을 기리는 의미에서 이 건물들을 세우고, 송나라 주돈이의 예

전남 담양 소쇄원 내 제월당霽月堂의 모습.

를 따라 '광풍제월'이란 이름을 붙인 것으로 전해진다.

3.

옛날 복희씨伏羲氏나 요堯 임금의 시대를 그리워하나 너무나 먼 옛일이다. 오늘 난정蘭亭에서 아회雅會를 가졌으나 현실의 고민은 더욱 깊어져만 가니 황혼이 짙어가는 지금, 영불罃拂의 도道를 다시 생각하게 된다.

仰瞻羲唐, 邈然遠矣. 近詠臺閣, 顧探增懷. 聊於曖昧之中, 思乎罃拂之道.

손작이 이 후서後序를 쓰기 시작하였을 때는 난정의 모임이 끝나가는 저녁 무렵이었던 모양이다. 그는 해가 뉘엿뉘엿 넘어가 어둠이 짙어지기 시작하는 그때를 '애매지중'曖昧之中이라고 표현했다. 요즘 우리가 '애매'曖昧란 단어를 자주 사용하고 있지만, 이 단어가 1700년 전에도 사용된 것을 보면 새삼 한자의 역사를 다시 생각하게 된다. 이 단어의 어원을 살펴보면 굴원屈原의 『초사』楚辭 중 「원유」遠遊에 나오는 다음 구절을 들 수 있다.

그때는 어둑어둑해져 어두워지니

時曖曃其曭莽兮

여기에 나오는 '희미하여 어둡다'란 의미의 '애태'曖曃는 이후 장형張衡의 「사현부」思玄賦에서 '암애'暗曖, '엄애'唵曖란 표현으로 바뀌고,

손작의 이 글에서 '애매'曖昧란 표현으로 재탄생된다.

그는 대각臺閣 즉 현실과, 희당羲唐 즉 이상 사이의 간격을 각각 '근' 近과 '원'遠으로 대비시켜 표현한 뒤, 그날 난정의 모임에서 자신들의 시를 짓는 행위를 요순堯舜시대 이상향으로 한걸음 더 나아가려는 '영 불瑩拂의 도道', 즉 '갈고 닦아내어 진리를 드러내는' 구도자의 행위에 비유한다. '갈고 닦아내어 진리를 드러낸다'는 의미의 '영불'이란 단어도 손작이 이 글에서 처음 사용했다.

4.

3월 초, 남쪽 골짜기 물가에서 계사禊事를 올리니, 높은 봉우리는 천심千尋이요, 드넓은 물은 만경萬頃이라. 이에 향기로운 풀을 깔개 삼고, 맑은 냇물을 거울삼아 풀과 나무, 물고기와 새들을 구경하니, 만물萬物이 함께 번영繁榮하여 생명력이 온 세상 가득하도다.

暮春之始, 禊於南澗之濱, 高領千尋, 長湖萬頃, 乃籍芳草, 鑑淸流, 覽卉物, 觀魚鳥, 具類同榮, 資生咸暢.

이 단락에서 손작은 봄철 난정 경관의 아름다움을 표현하고 있다. 그런데 자세히 살펴보면, 그는 자연의 경관을 표현하는 말을 빌려 이날 연회의 주인공인 왕희지의 글 내용을 재차 반복해줌으로써 주인에 대한 예의를 갖추고 있다는 것을 알 수 있다.

예컨대 왕희지 서문序文의 '모춘지초 회어회계 산음지난정 수계사 야'暮春之初 會於會稽 山陰之蘭亭 修禊事也, 즉 "3월의 초승에 회계會稽 산음현山陰縣의 난정蘭亭에 모여서 계사禊事를 행하였다"란 구절을 '모 춘지초 계어남간지빈'暮春之始 禊於南澗之濱, 즉 "3월 초, 남쪽 골짜기 물가에서 계사를 올리니"로 바꾸어 표현했다. 왕희지의 '유숭산준령 우유청류격단'有崇山峻嶺 又有淸流激湍, 즉 "높은 산과 가파른 고개가 있고, 또한 맑은 물과 격동치는 여울이 있어"는 '고령천심 장호만경' 高嶺千尋 長湖萬頃, 즉 "높은 봉우리는 천심千尋이요, 드넓은 물은 만경 萬頃이라"란 표현으로 재창조하고 있다. 또한 왕희지 서문의 '품류지성'品類之盛, 즉 "만물의 풍성함"이란 표현을 '구류동영 자생함창'具類同榮 資生咸暢, 즉 "만물萬物이 함께 번영繁榮하여 생명력이 온 세상 가득하도다"라고 재현해내고 있는 것을 볼 수 있다.

5.
이때에 진한 술을 곁들이니, 달관의 경지에 들어선 듯, 홀연히 쾌연快然하니, 어찌 붕새와 메추리를 부질없이 비교하랴!

於是和以醇醪, 齊以達觀, 快然兀矣, 焉復覺鵬鷃之二物哉!

이 단락은 난정연회蘭亭宴會에서 술을 즐긴 뒤 달아오르는 도도한 취흥을 표현한 글이지만, 그 속 내용은 난정의 주역 중 한 사람인 사안이 지은 시에 대해 손작이 화답한 표현이다.

농익은 막걸리를 마시니 마치 요임금의 나라에 있는 것 같아
홀연히 태평성대에 노니는데
세상 만물은 만가지로 다르지만 본질은 모두 한 물상이니
어찌 팽조彭祖과 상자殤子를 다시 비교하리오.

醇醪陶丹府

兀若遊羲唐

萬殊混一象

安復覺彭殤

위의 글은 사안의 오언시 중 일부다. 손작은 '순료도단부 올약유희당'醇醪陶丹府 兀若遊羲唐의 구절을 '화이순료 제이달관 쾌연올의'和以醇醪 齊以達觀 快然兀矣로 표현해내고, 또한 '팽조彭祖와 상자殤子'를 나타내는 '팽상'彭殤을 역시 같은『장자』에서의 표현인 '붕새와 메추리'를 나타내는 '붕안'鵬鷃으로 바꾸어 사안의 시흥에 화답한다.

6.

태양의 고삐를 잡아 갈 길을 재촉하니 햇살은 급히 서쪽으로 넘어간다. 즐거움도 시간 따라 떠나가면 그 자리에 남는 것은 슬픔뿐. 가고 오고 또 옮기고, 새것과 옛것이 서로 바뀌듯 오늘의 자취도 내일이 되면 진부한 옛 자취가 되고 마나니, 원래 시인이라면 이런 감흥感興에 도달한 이상, 살펴 노래를 짓게 됨은 어찌 당연하지 않겠는가.

耀靈促轡, 急景西邁, 樂與時去, 悲亦系之. 往復推移, 新故相換, 今日之跡, 明復陳矣, 原詩人之致興, 諒歌詠之有緣.

필자는 이 글을 처음 접했을 때 '해가 넘어간다'는 것을 표현한 '요령촉비 급경서매'耀靈促轡 急景西邁 즉 "빛의 정령이 고삐를 잡아 갈 길을 재촉하니, 햇살이 급히 서쪽으로 넘어가는구나"라는 구절이 매우 인상 깊었다. 태양을 '빛의 정령'이란 의미의 '요령'耀靈으로 처음 표현한 글은 초사楚辭인데, 굴원의『초사』가운데「원유」에 다음의 구절이 나온다.

태양耀靈이 마지막 빛을 발하여 서쪽으로 넘어간다.

耀靈曄而西征

손작은 바로 이 구절을 '요령촉비 급경서매'라는 멋있는 표현으로 재해석해내고 있는 것이다. 그다음 이어지는 "오늘의 즐거움도 금방 옛 자취로 바뀌니 어찌 감회를 느껴 글을 짓지 않을 수 있겠는가"란 부분은 또한 왕희지의 서문 중,

지난날에 즐겼던 일이 잠깐 사이에 옛 자취가 되어버리니, 감회 가 생기지 않으려야 않을 수가 없음이라.

向之所欣, 俛仰之間, 以爲陳迹, 猶不能不以之興懷.

라는 표현을 더욱 멋있게 변주變奏한 것이라 볼 수 있다. 이어지는 구절은 마지막 단락이다.

7.
실지 못한 글이 많지만, 대강은 이와 같다. 시도 엮어서 싣는다. 예컨대 사언시와 오언시를 앞에 실은 것처럼.

文多不載, 大略如此, 所賦詩亦裁而綴之如前, 四言五言焉.

이로써, 손작의 「난정후서」는 마무리된다. 전체적으로 살펴보면, 당시 제일가는 문장가로 일컫던 손작의 글 솜씨를 엿볼 수 있다. 하지만 이 글은 당시 난정연회의 주연이었던 왕희지와 사안의 글에 대한 화답에 지나치게 치중한 면이 있어, 문장이 빼어난데도 왕희지가 지은 「난정서」보다 덜 알려지게 된 것 같다. 물론 「난정서」가 더 잘 알려진 데는 왕희지란 고금제일의 서예가의 글씨라는 프리미엄이 작용하였음은 두말할 나위가 없다.

대臺에 올라 봄노래를 읊고,
물가에 임하여 (계사도 행하도다.)
저 '벌목'伐木의 친구들을 생각하니
오랜 이 아름다운 벗들이여.
긴 대나무는 연못을 덮고
물은 여울을 돌아 산을 에워쌌으니
도랑을 파서 격류를 끌어들여
띄운 술잔이 배처럼 끊임없구나.

·손작孫綽

春詠登臺

亦有臨流

懷彼伐木

宿此良儔

修竹蔭沼

旋瀨縈丘

穿池激湍

連濫觴舟

제5부

난정서의 판본문제

풍승소의 신룡본神龍本

「난정서」에 관한 이야기도 어느덧 중반을 넘어 끝이 보이기 시작한다. 지금까지 문장 측면에서 「난정서」와 「난정시집」蘭亭詩集에 관한 얘기는 거의 마쳤으므로, 이 글에서는 서예적 측면에서 「난정서」의 여러 판본과 진본眞本의 행방에 관해 집중적으로 조명해본다.

「난정서」는 왕희지 사후 270년간 민간에서 소장되다가 우여곡절을 겪은 후 당 태종 이세민李世民의 손에 들어가게 된다. 태종이 어떻게 「난정서」를 수중에 넣게 되었는지에 관해서는, 이 책 앞부분에서 당나라 때 하연지何延之가 쓴 「난정시말기」蘭亭始末記에 '소익렴난정'蕭翼賺蘭亭 즉 "소익蕭翼이 난정蘭亭을 속여서 취하다"라는 글귀로 대변되는 고사를 소개한 바 있다. 이 고사를 그대로 믿기는 힘들지만, 어쨌거나 확실한 것은 당 태종이 우여곡절 끝에 이 「난정서」를 손에 넣은 후, 이를 애지중지 아꼈다는 사실이다.

당 태종은 자신이 대단한 서예가였던 만큼, 서예문화를 적극 장려하였다. 따라서 이 시대에 초당初唐 3대가로 불리는 걸출한 서예가가 세명 등장하게 되는데, 그들이 바로 구양순歐陽詢, 저수량褚遂良, 우세남虞世南이란 서예가다. 당 태종은 이 세 명필에게 「난정서」를 한 번도 아니고 여러 차례 임서臨書케 하여 왕족과 신하들에게 수시로 하사하였다. 또한 당시 유명한 모본가摹本家였던 풍승소馮承素, 탕보철湯普徹, 조모趙模, 한도정韓道政, 제갈정諸葛貞 등에게 명하여 이 「난정서」를 베껴 쓰게도 하였다.

요즘 같으면 간단하게 복사해버리면 끝날 일이지만, 복사기가 없던 당시로서는 베끼는 방법으로 크게 두 가지 방법을 사용하였다. 그 첫째가 임서臨書라 불리는 방법으로서, 서첩書帖을 펴놓은 채, 눈으로 보고 한 글자씩 따라 쓰는 방법을 말한다. 이 방법은 눈으로 보고 따라 쓰는 것이므로 원래의 글자체와 완벽하게 같을 수가 없고, 글자를 임서하는 사람의 서체풍이 아무래도 배어 나오게 마련이다. 예컨대 구양순의 임본과 저수량의 임본은 서체가 서로 다르므로 각기 다른 맛이 있으며, 워낙 유명한 서예 대가들이 임서한 것이라 그 자체가 유명한 「난정서」의 판본이 되어버린다. 어쨌거나 왕희지가 쓴 「난정서」와 100퍼센트 같다는 말은 결코 성립될 수가 없으며, 구양순이나 저수량 등이 각자의 필법으로 재해석한 「난정서」라고 표현하는 것이 가장 적합하다.

또 다른 방법은 모서摹書 또는 탁모拓摹라 불리는 방법이다. 이것은 기름종이를 진본眞本 위에 얇게 발라놓고, 머리털 하나 굵기의 극도로 가는 세필細筆을 이용하여서, 눈이 아주 좋고 손재주가 좋은 모본가摹本家들이 작업한다. 일단 글자의 외곽 부분을 먼저 윤곽을 딴 후, 그다음부터 수없이 가는 붓질을 하여 윤곽 안 부분을 채워나가는 방식이다. 이와 같은 방식을 쌍구모본雙鉤摹本 방식이라고도 하는데, 그림 그리듯 진본과 똑같이 베껴 쓰는 것이므로, 이렇게 탄생된 모본은 왕희지의 「난정서」 진본에 가장 가까울 수는 있다. 그러나 서예의 대가들이 쓴 서예작품이 아니라 베낀 그림에 가깝기 때문에 진정한 서예작품이라고는 할 수는 없다는 흠이 있다.

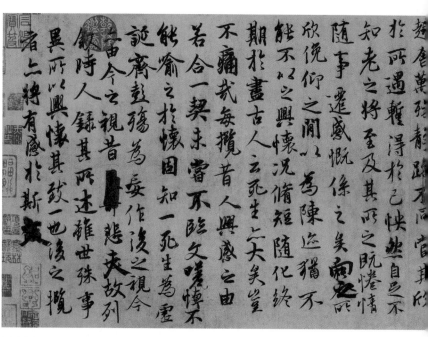

「난정서」「신룡본」神龍本. 현재 중국 북경고궁박물원北京故宮博物院에 소장되어 있다.

어찌되었거나, 이렇게 하여 탄생된 「난정서」의 임본이나 모본들은 시대를 거치면서 각자에 대한 임모본을 낳고 또 낳아, 청淸대에 이르러서는 황궁에 소장된 「난정서」의 임모본만 500여 종에 달하였다는 기록이 있을 정도였다.

이들 임모본 가운데 왕희지의 「난정서」 진본과 가장 가까운 것으로 추정되는 모본으로 당 태종 당시 홍문관弘文館 풍승소馮承素가 베낀 모본을 으뜸으로 친다. 이 작품에 당 중종中宗의 연호年號인 '신룡'神龍이란 낙관이 찍혀 있어 이를 「신룡본」神龍本이라 한다. 그런데 '신룡'자가 절반만 보이기 때문에 「신룡반인본」神龍半印本이라고도 부른다. 현재 북경의 고궁박물원故宮博物院에 소장되어 있으며, 「난정서」 진본과 가장 가까운 것으로 간주되므로, 그 가치는 도저히 값으로 매겨질 수 없다고 보아야 한다.

이 첩본이 풍승소의 모본으로 알려진 이유는 명나라 때 화가였던 항

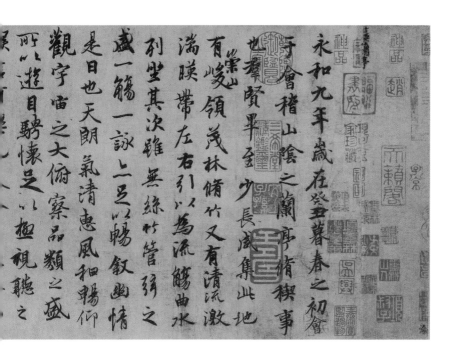

원변項元汴이 "당 중종 때 풍승소가 황제의 명을 받들어 난정계첩蘭亭禊帖을 모서摹書하였다"唐中宗朝馮承素奉勒摹晉右軍將軍王義之蘭亭禊帖고 적어놓았기 때문이다. 앞서 말했듯 '신룡'이라는 낙관 때문에 이 첩본을 「신룡본」이라 부른다. 그런데 북경고궁박물원의 공식적인 설명[1]은 '신룡'이란 낙관은 사실상 당 중종 때 사용한 공식적인 관인官印이 아니기 때문에 후세 사람이 찍은 것으로 보인다는 것이다. 따라서 풍승소 모본이란 것도 믿을 수 없으며 이 모본은 당나라 이후 전해지는 고모본古摹本 중 하나로 보는 것이 옳다는 것이 공식적인 견해.[2]

---

1 북경고궁박물원 홈페이지 참조: http://www.dpm.org.cn/www_oldweb/Big5/phoweb/Relicpage/2/R896.htm

2 "據考, 卷首"神龍"半印小璽並非唐中宗內府鈐印, 而是後人所添, 定馮承素摹也不可信, 但仍是唐以來流傳有緒的古摹本."

「신룡본」부분 1.

于　會稽山陰之蘭亭脩禊事

也群賢畢至少長咸集此地

有崇山峻領茂林脩竹又有清流激

湍映帶左右引以為流觴曲水

列坐其次雖無絲竹管弦之

盛一觴一詠亦足以暢敘幽情

是日也天朗氣清惠風和暢仰

「신룡본」 부분 2.

觀宇宙之大俯察品類之盛
所以遊目騁懷足以極視聽之
娛信可樂也夫人之相與俯仰
一世或取諸懷抱悟言一室之內
或因寄所託放浪形骸之外雖
趣舍萬殊静躁不同當其欣

「신룡본」부분 3.

於所遇暫得於己快然自足不

知老之將至及其所之既惓情

隨事遷感慨係之矣向之所

欣俛仰之間以為陳迹猶不

能不以之興懷況脩短隨化終

期於盡古人云死生亦大矣豈

「신룡본」 부분 4.

不痛哉每攬昔人興感之由

若合一契未嘗不臨文嗟悼不

能喻之於懷固知一死生為虛

誕齊彭殤為妄作後之視今

由今之視昔

亦

悲夫故列

叙時人錄其所述雖世殊事

異所以興懷其致一也後之攬

者亦將有感於斯文

「신룡본」부분 5.

구양순의 정무난정서定武蘭亭序

당 태종은 「난정서」를 아낀 나머지 돌에 새기기도 했다. 이처럼 돌에 새긴 비각을 탁본拓本 뜬 각석본刻石本 가운데서는 구양순歐陽詢의 탁본이 가장 유명하다. 당 태종은 당시 가장 유명한 서예가였던 구양순에게 「난정서」 진본을 임서하게 한 후, 이를 학사원學士院의 돌에 새겨 각석刻石을 세우게 한다. 그 각석의 탁본을 떠서 근신近臣들에게 나눠주곤 했는데, 그 원석은 이후 사라졌다가 송宋나라 경력慶曆 연간에 정무定武[3] 근방에서 다시 발견된다. 이후 구양순의 각석본을 발견된 지명을 따서 「정무본」定武本, 「난정정무본」蘭亭定武本이라 부른다. 이 「정무본」 난정각석蘭亭刻石의 원석은 아쉽게도 북송北宋 말년의 전란 중에 소실되어 버린다. 그러나 송대에 원석에 탁본을 뜬 송탁본宋拓本이 몇 점 전해지는데, 이중 가장 유명한 것은 네 가지다. 그 첫째는 원元나라 서예가였던 가구사柯九思가 소장했던 작품으로 보통 이를 「정무난정서」定武蘭亭序의 「가구사본」柯九思本이라 부르며 현재 대만의 대북고궁박물원臺北故宮博物院에 소장되어 있다.

---

3 정무定武: 지금의 하북성河北省 진정현真定縣이다.

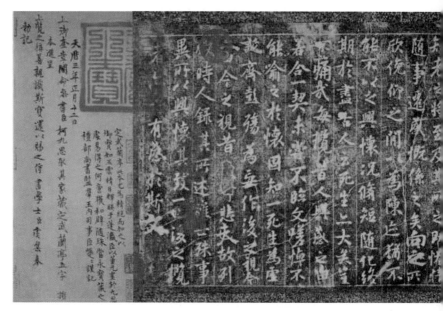

「정무난정서」定武蘭亭序의 송탁본 중 「가구사본」柯九思本. 현재 대만 대북고궁박물원 소장.

위의 「가구사본」을 보면, 가운데 탁본을 뜬 작품이 있고, 앞뒤로 종이를 덧붙여 거기에다 소장자들이 글을 쓰거나 자신의 소유를 나타내는 낙관을 찍는다. 앞부분에 쓴 글을 제문題文, 뒷부분에 쓴 글을 발문跋文이라 하고 이를 통칭하여 제발題跋이라 부른다.

「정무본」 중 두 번째로 유명한 작품은 원元나라 독고순붕獨孤淳朋: 1259~1336, 독고장로獨孤長老라고도 함이란 사람이 소장하였던 「독고본」獨孤本이다. 그는 이를 원나라 당시 가장 유명했던 서예가 조맹부趙孟頫에게 선물한다. 조맹부는 이를 받고 너무나 기뻐 잠시도 신변에서 떼어놓지 않고, 운하를 북상하는 배 안에서 발문을 13편이나 써서 붙이니, 이 첩본帖本을 「십삼발본」十三跋本이라고도 부른다. 이 첩본은 이후 청淸나라 건륭乾隆 연간에 담조수譚組綬란 인물이 소장하고 있다가 불이

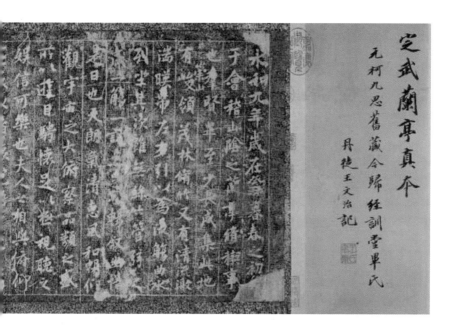

나는 바람에 세 조각殘存三小片, 십육행十六殘行, 육십여자六十餘字만 남아 현재 일본 동경국립박물관東京國立博物館에 소장되어 전한다. 불에 타서 남았기 때문에 「화잔본」火殘本으로도 불린다.

그런데 이들 두 「정무난정서」를 보면, 다섯 글자가 닳아서 잘 보이지 않는다. 즉, '군'群, '류'流, '대'帶, '우'右, '천'天, 이 다섯 글자인데 이 글자들이 잘 보이지 않는다는 것은 이미 탁본을 뜰 당시 정무定武 원석이 훼손되어 있었음을 의미한다. 그런데 어느 날 갑자기 모든 글자가 깨끗하게 잘 나타나 있는 「정무난정서」가 출현한다. 이것은 원나라 오병吳炳이란 사람이 소장했다는 낙관이 붙어 있어 「오병본」吳炳本으로 불리는데, 정확한 탁본 시기는 알 수 없다. 어찌되었거나 「가구사본」이 탁본될 당시인 정무 원석이 훼손되기 이전에 탁본된 것임이 틀림

「가구사본」부분 1.

觀宇宙之大俯察品類之盛所以遊目騁懷足以極視聽之娛信可樂也夫人之相與俯仰一世或取諸懷抱悟言一室之內或因寄所託放浪形骸之外雖趣舍萬殊靜躁不同當其欣於所遇暫得於己快然自足不知老之將至及其所之既惓情隨事遷感慨係之矣向之所

「가구사본」 부분 2.

能不以之興懷況脩短隨化終

期於盡古人云死生亦大矣

不痛哉每攬昔人興感之由

若合一契未嘗不臨文嗟悼不

能喻之於懷固知一死生為虛

誕齊彭殤為妄作後之視今

亦猶今之視昔悲夫故列

「가구사본」 부분 3.

時人錄其所述　雜二珠事

異所以興懷其致一也後之覽

有感於斯文

定武蘭亭此本尤為精絶而加之以
御寶如五雲晴日輝映于蓬瀛臣以董元置於九思
慶易得之何啻獲和璧隨珠當永寶藏之
禮部尚書監群玉內司事臣巙巙謹記

天曆三年正月十二日
上御奎章閣命綴書臣
本進呈
柯九思取其家藏定武蘭亭五字　損
上覽之稱善親識斯寶還以賜之侍書學士臣虞集奉
勅記

「가구사본」부분 4.

「정무난정서」의 송탁본 중 「독고본」獨孤本 또는 「십삼발본」十三跋本. 현재 일본 동경국립박물관 소장.

「정무난정서」의 송탁본 중 「독고본」獨孤本 또는 「십삼발본」十三跋本. 현재 일본 동경국립박물관 소장.

없기 때문에, 현재로서는 가장 진귀한 「정무난정서」 중 하나로 손꼽힌다. 일본 동경국립박물관에 소장되어 있다.

이외에도 또 하나의 유명한 「정무난정서」 탁본으로 「낙수본」落水本이 있다. 이 「낙수본」이 유명한 이유는 일본이 소장하고 있는 「오병본」과 같이 앞서 얘기한 다섯 글자가 훼손되지 않은 「5자미손본五字未損本 정무본」이기 때문이다. 이 첩본은 원래 남송南宋시대 강기姜夔: 1155~1221, 자는 백석白石란 사람이 소장하고 있었다. 이 책의 마지막 장인 「추사秋史의 계첩고禊帖攷」에서도 얘기하고 있듯이, 이 강기란 인물은 「난정서」의 대단한 연구가로, 『계첩편방고』禊帖偏旁考란 연구서적을 남기기도 했으며, 「정무본」 중 가장 뛰어나다는 첩본을 세 종 소장하고 있었다고 전해져, 이를 '강백석'姜白石의 삼본三本이라 불렀다. 그중 가장 뛰어나다고 알려진 첩본이 바로 이 「낙수본」이다. 이 첩본이 「낙

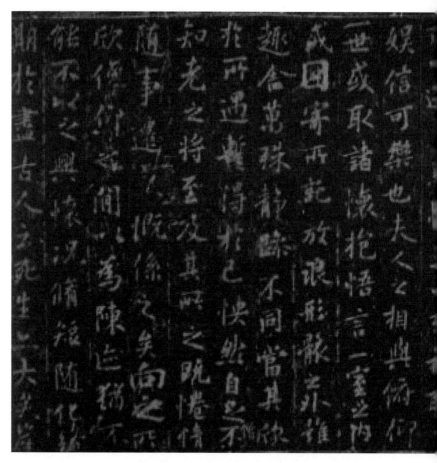

「정무난정서」定武蘭亭序 「오병본」吳炳本, 일본 동경국립박물관 소장.

수본」이란 이름을 얻게 된 데는 다음과 같은 일화가 전해진다.

원대의 서예가 중 조맹부趙孟頫가 「독고본」을 소장하였다는 것은 이미 살펴본 바와 같다. 당시 조맹부는 원나라 조정에서 벼슬을 하며 잘 살고 있었지만, 그의 사촌형인 조맹견趙孟堅: 1199~1267?, 자는 자고子固은 송이 멸망한 후 은거하여 세상을 등진 채 살아가고 있었다. 당시 조맹견은 비록 사촌지간이지만, 원나라에 허리를 굽혔다 하여 조맹부를 매

우 멸시하였다고 전해진다. 하지만 조맹견도 조맹부 못지않게 서예에 조예가 깊었다. 조맹견이 어느 날 「정무난정서」 한 부를 유송兪松이란 인물에게서 얻게 된다. 5,000금金을 주고 「정무난정서」를 얻은 조맹 견이 너무나 기뻐서 밤중에 배를 타고 돌아오다가, 큰 바람을 만나 배 가 뒤집혀 모든 물건이 물속에 가라앉았다. 이때 조맹견은 얕은 물에 나와 서서 이 난정첩본蘭亭帖本만을 손에 쥐고 사람들에게 보이며 "난

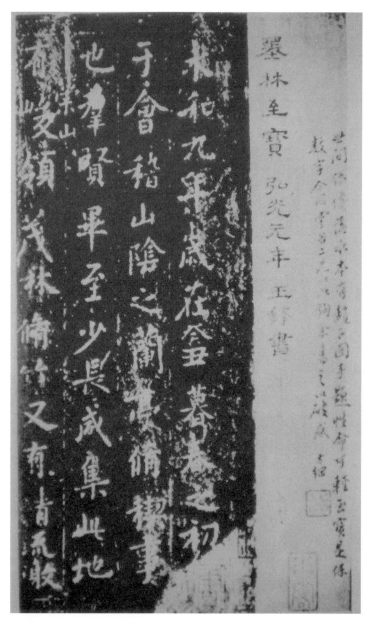

「정무난정서」「낙수본」落水本, 개인 소장 추정. 제문題文에 '묵림지보'墨林至寶라고 왕탁王鐸이 예서체
隷書體로 쓴 글이 보인다.

정이 여기에 있으니 내 그 나머지 물건들은 개의치 않을 것이다"라고 외쳤다 한다. 그러고는 그 난정첩본에다 "목숨은 가벼이 하더라도 지극한 보배는 보전해야 한다"性命可輕 至寶是保는 여덟 글자를 제題하여 이것을 소장하였다. 이후로 이 「정무난정서」 첩본은 물에 빠졌던 것임을 뜻하는 「낙수본」落水本 또는 「조자고낙수본」趙子固落水本으로 불린다. 이러한 일화는 조맹견의 친구인 남송南宋의 주밀周密이 쓴 『제동야우』齊東野雨란 책에 실려 있어 매우 신빙성이 높다. 이 첩본은 이후 청나라 건륭제乾隆帝 연간에 황궁에 들어오게 된다. 건륭제는 이 「낙수본」을 지극히 아껴, '산음진면'山陰真面 네 글자를 친히 써 넣은 뒤, 쌍구법雙鉤法으로 비석에 새기게 한다. 또 청말淸末의 유명한 서예가 왕탁王鐸은 예서체隸書體로 '묵림지보'墨林至寶란 네 글자를 써넣었다. 청말의 대학자이자 추사秋史의 스승인 옹방강翁方綱도 조문식曹文埴이란 사람의 집에서 이것을 보고, 몇 날 며칠을 침식을 잊으며 감상한 후, 이 「낙수본」을 임서하였다고 한다.

문제는 이 「낙수본」이 그 후 자취를 감추었다는 것이다. 오리무중이던 이 「낙수본」은 2006년 5월 중국 심천深圳에서 열린 제2차 국제문화산업박람회國際文化産業博覽會 경매장에서 모습을 드러낸다. 수백 년간 구경하기 힘들었던 이 진귀한 「정무난정서」 탁본은 당시 가격으로 3,800만 위안약 67억으로 경매가 시작되었다고 한다. 그때 누가 이 진귀한 탁본을 낙찰 받았는지, 그리고 현재 누가 소장하고 있는지는 베일에 가려 있다.

우세남의 장금계노본張金界奴本

이 글에서는 초당初唐시대 서예가 중 구양순歐陽詢에 이어 명성이 높은 우세남虞世南이 쓴 「난정서」임본臨本들을 소개한다. 그가 쓴 임본 중 가장 유명한 것으로는 「천력본」天曆本 또는 「장금계노본」張金界奴本이라 불리는 임본이다. 이것은 원元나라 천력天曆 연간에 황궁에 소장되어 '천력지보'天曆之寶란 낙관이 찍혀 있기 때문에 「천력본」이라 부른다. 그런데 이 첩본帖本은 원래 원 문종文宗 때인 천력 연간에 원나라 장구사張九思의 아들인 장금계張金界가 문종에게 진상한 것으로, '신장금계노상진'臣張金界奴上進이란 일곱 글자가 말미 부분에 적혀 있어 「장금계노본」이라고도 부른다.

예전에는 「장금계노본」을 저수량褚遂良의 임본으로 보았으나 명나라 때 동기창董其昌이 이 첩본을 소장할 때, 이 첩본의 제발題跋 중에서 '사영흥소림'似永興所臨, 즉 "우세남이 임서한 것 같다"는 글귀를 발견한 후 우세남의 임본으로 굳어져 전한다. '영흥'永興이란 두 글자가 우세남을 의미하는 것은 그가 당 태종 정관貞觀 7년에 영흥현자永興縣子로 봉해져서, 이후로는 '우영흥'虞永興으로도 불렸기 때문이다. 우세남은, 뒤에서 좀 더 자세히 살펴보겠지만, 오늘날 「난정서」를 실제 쓴 서예가로 추정하고 있는 지영智永선사에게 서예를 직접 배워 위진시대의 풍격과 왕희지 서법의 운치에 가장 근접해 있다는 평가를 받는다. 이후 이 임본은 청나라 고종高宗의 건륭乾隆 연간에 이궁離宮인 원명원圓明園 내에 세워진 '난정팔주'蘭亭八柱 중 첫 번째를 차지하고 있어, 그 명성을 확인할 수 있다. 다음 쪽의 사진을 보면「난정서」앞부분에 '난정팔주제일'蘭亭八柱第一이란 제문題文이 적혀 있는 것을 볼 수 있다.

위에 '난정팔주'란 단어가 나오는데, '난정팔주'란, 역대 유명 난정서 본을 여덟 개의 석주에 새긴 것이다. 청나라 건륭제乾隆帝가 이궁인 원명원 내에 소흥의 난정을 본떠 '좌석임류'坐石臨流란 정자와 공원을 만들고 그곳에 황실에서 보관 중인「난정서」와 난정시 첩본 중 가장 뛰어난 첩본의 글씨를 여덟 개의 석주 위에 쌍구雙鉤기법으로 정밀하게 새겨놓았다. 건륭제는 이 '난정팔주'를 새긴 이유를, '일영기전'一永其傳, 즉 "「난정서」가 전해지는 것을 영원히 하기 위함이다"라고 밝혔다.

이 '난정팔주'에 새겨진 첩본은, 제1주에 우세남의「장금계노본」, 제2주에 저수량의「미불시제본」米芾詩題本, 제3주에 풍승소馮承素의「신룡본」神龍本, 제4주에 유공권柳公權이 쓴「난정시」蘭亭詩, 제5주에 희어당戱鴻堂: 청대 서예가이 유공권의「난정시」원본을 모각한 것, 제6주에 어민중於敏中: 청대 서예가이 희어당의「난정시」모각 중 빠진 부분을 채워넣은 것, 제7주에 동기창董其昌: 명말 서예가이 유공권의「난정시」를 임서한 것, 마지막 제8주에 건륭제 자신이 유공권의「난정시」를 임서한 것, 이렇게 여덟 개의 첩본들이다.

'난정팔주'는 유감스럽게도 아편전쟁 시 영국군의 공격으로 원명원이 파괴된 후 폐허로 방치되었다. 이후 수습되어 1914년 북경 내 사직단社稷壇이 중앙공원中央公園으로 바뀌면서 그곳에 위치하게 된다.

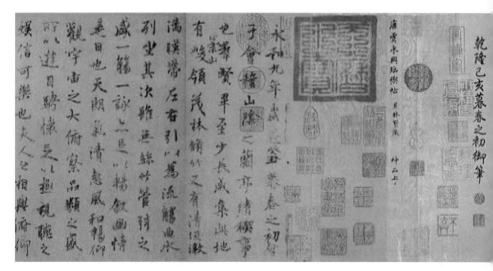

1971년부터 북경 중산공원中山公園 안에 건립된 난정비정蘭亭碑亭에 다시 옮겨져 오늘날까지 전한다. 그동안 많은 풍화를 겪었지만, '난정팔주'란 글자는 아직 읽을 수 있을 정도다. 청대에 탁본을 뜬 「난정팔주첩」蘭亭八柱帖이 공원 내에 전시되어 있다.

　여기서 한 가지 특기할 점은, 앞서 소개한 풍승소의 「신룡본」이 '난정팔주'의 첫 번째가 아닌 세 번째 위치를 차지하고 있다는 점이다. 즉, 「신룡본」이 만일 풍승소가 모본하였다면 비록 원적에 가장 가깝다 하더라도 서예작품이라기보다는 베낀 그림에 가까운 관계로, 청대에는 '난정팔주'의 세 번째로 평가하였다는 것이다. 그다음 난정시를 소개할 때 언급한 바 있는 유공권의 「난정시」가 전체 '난정팔주' 중 다섯 개를 차지하고 있다는 사실이 이채롭다.

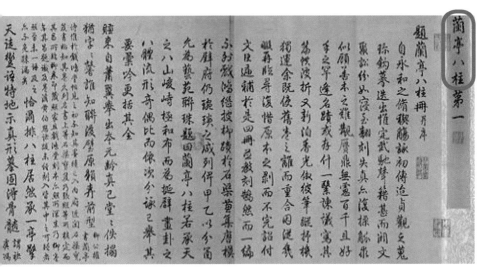

'난정팔주'에 새겨진 첩본

제1주: 우세남의 「장금계노본」

제2주: 저수량의 「미불시제본」

제3주: 풍승소의 「신룡본」

제4주: 유공권이 쓴 「난정시」

제5주: 희어당이 유공권의 「난정시」 원본을 모각한 것

제6주: 어민중이 희어당의 「난정시」 모각 중 빠진 부분을 채워넣은 것

제7주: 동기창이 유공권의 「난정시」를 임서한 것

제8주: 건륭제가 유공권의 「난정시」를 임서한 것

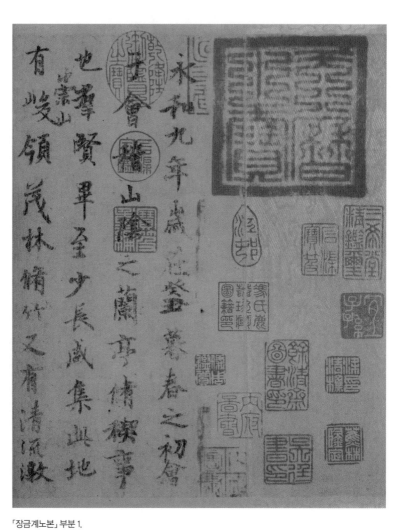

「장금계노본」부분 1.

湍暎帶左右引以為流觴曲水
列坐其次雖無絲竹管絃之
盛一觴一詠亦足以暢叙幽情
是日也天朗氣清惠風和暢仰
觀宇宙之大俯察品類之盛
所以遊目騁懷足以極視聽之
娛信可樂也夫人之相與俯仰
一世或取諸懷抱悟言一室之內

「장금계노본」 부분 2.

「장금계노본」 부분 3.

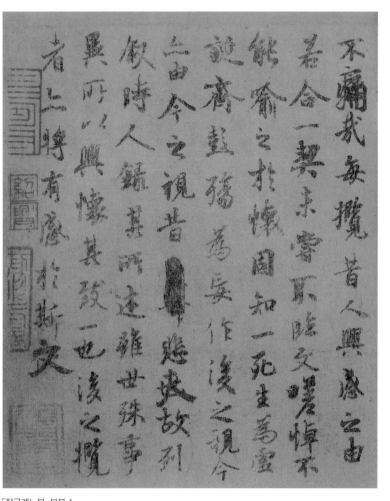

不痛哉每攬昔人興感之由
若合一契未嘗不臨文嗟悼不
能喻之於懷固知一死生為虛
誕齊彭殤為妄作後之視今
亦由今之視昔悲夫故列
敘時人錄其所述雖世殊事
異所以興懷其致一也後之攬
者亦將有感於斯文

「장금계노본」 부분 4.

저수량의 임본臨本과 진본眞本의 행방

이 글에서는 초당初唐 3대가 중 마지막 사람인 저수량褚遂良의 임본臨本을 소개하겠다. 그의 임본 중 가장 유명한 것은 「미불시제본」米芾詩題本이라 불린다. 북송北宋 때 서예가인 미불米芾이 뒷부분에 시를 적어서쓴詩題 것에서 그렇게 불린다.

이 「미불시제본」은 '난정팔주'蘭亭八柱의 두 번째를 차지하고 있어, 「팔주제이본」八柱第二本으로도 불린다. 「미불시제본」의 앞부분에 '난정팔주제이'蘭亭八柱第二란 제문題文이 적혀 있고, 명나라 때 화가였던 항원변項元汴이 적은 '저모왕희지난정첩'褚摹王羲之蘭亭帖: 저수량이 모본한 난정첩이란 글귀가 이어서 적혀 있다. 이 글을 따라서 이 첩본을 「저모난정본」褚摹蘭亭本이라 부르기도 한다.

저수량의 임모본 가운데 「미불시제본」 다음으로 유명한 것은 「황견본」黃絹本이라 부르는 것이다. 이것은 황색 비단 위에 쓰여졌기 때문에 그리 불린다. 현재 이 첩본은 대만의 대북고궁박물원臺北故宮博物院에 소장되어 있다.

이 첩본은 「영자종산본」領字從山本이라고도 부른다. 이 명칭은 「난정서」 본문 내용 '숭산준령'의 글자 가운데 '령'領자를 다른 첩본帖本들

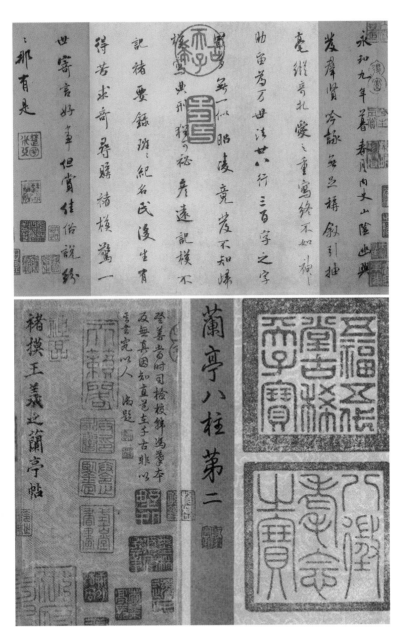

▲ 「미불시제본」米芾詩題本 뒷부분에 적혀 있는 미불米芾의 시제詩題.

▲ 「미불시제본」 또는 「팔주제이본」八柱第二本, 「저모난정본」褚摹蘭亭本. 중국 북경고궁박물원 소장.

「미불시제본」부분 1.

是日也天朗氣清惠風和暢仰

觀宇宙之大俯察品類之盛

所以遊目騁懷足以極視聽之

娛信可樂也夫人之相與俯仰

一世或取諸懷抱悟言一室之內

或因寄所託放浪形骸之外雖

趣舍萬殊靜躁不同當其欣

於所遇暫得於己快然自足不

「미불시제본」부분 2.

知老之将至及其所之既惓

随事遷感慨係之矣向

欣俛仰之間以為陳迹不

能不以之興懷况脩短随化終

期於盡古人云死生亦大矣豈

不痛哉每攬昔人興感之由

若合一契未嘗不臨文嗟悼不

能喻之於懷固知一死生為虛

「미불시제본」 부분 3.

「미불시제본」부분 4.

「황견본」黃絹本 또는 「영자종산본」領字從山本, 대만 대북고궁박물원 소장.

과는 달리 '령'嶺으로 쓰는 데서 비롯된다. 이를테면 풍승소馮承素의 「신룡반인본」神龍半印本이나 「정무본」定武本 등의 주요 첩본帖本들은 모두 '령'領으로 쓰고 있는 데 반해, 이 임본만은 '령'嶺으로 쓰고 있다. 따라서 '영자종산'領字從山, 즉 "령領자를 뫼 산山자 아래에 쓰다"는 뜻으로 「영자종산본」이라 부르는데, 사실상 저수량의 임본 중에는 이처럼 '영자종산'으로 쓴 다른 첩본들도 다수 있기 때문에, 「영자종산본」이란 용어 자체가 이 첩본만을 지칭하는 의미로 쓰이기는 어렵다. 그러므로 경우에 따라서는 '영자종산' 형태의 「황견본」이라 부르기도 한다. 하지만 '영자종산' 형태의 첩본 중에는 이 첩본이 가장 유명하므로, 「황견본」을 곧 「영자종산본」이라 부르는 경우도 있다.

이외에도 저수량의 19번째 임모본으로 알려져 있는 「낙양궁본」洛陽

宮本, 저수량의 각석본刻石本인 「영상본」穎上本, 「설직본」薛稷本, 「사반귀비본」賜潘貴妃本 등 헤아릴 수 없이 많은 「난정서」 임본과 모본이 있지만, 가장 중요한 것은 진본이 아닐 수 없다. 그러면 그 진본은 어디에 있는 것일까.

앞서 당 태종에 관한 이야기를 할 때 언급하였지만 하연지何延之의 「난정시말기」蘭亭始末記에 따르면 태종이 붕崩할 때 자신의 능인 소릉昭陵에 순장旬葬했다고 한다. 그런데 이 소릉은 그 이후 당나라 말기 오대십국五代十国: 907~979 시대에 온도溫韜: ?~926라는 절도사에게 도굴당하는 사건이 발생한다. 이때 태종의 부장품들이 세상에 다시 나오게 되는데, 정작 가장 관심을 모았던 「난정서」는 찾아볼 수 없었다. 일설에 의하면, 이때에 세상에 나왔다가 여러 사람의 손을 거친 후 다시 사라졌다는 말도 있다. 예컨대 추사秋史의 『완당전집』阮堂全集 제8권 「잡지」雜識 편을 보면 다음과 같은 글이 있다.

소릉에서 발굴한 이래 옥갑玉匣에 넣은 「난정서」의 진본이 다시 나와 장사꾼의 손으로 들어가서 정강靖康: 송휘종宋徽宗의 연호 연간에 직녀織女의 지기석支機石[4]과 더불어 수도인 개봉開封에 팔러 온 것을 가사도賈似道[5]가 직접 목도하였는데 이윽고 휘종徽宗과 흠종欽宗이 북으로 가게 되어 마침내 그 물건이 간 곳이 없어졌다고 한다. 이와 같은 신물神物이 구름처럼 흩어져 없어질 리는 없고, 마땅히 인간 세상에 있을 텐데, 사람들이 묵륜墨輪: 서예墨의 태양輪. 즉 「난정서」를 일컬음의 윤전輪轉: 태양이 다시 떠오르듯 다시 나타남할 때를 특별히 만나지 못하고 있으니 마치, 부처님의 제자들 중 가장 우두머리 격인 가섭존자가 나타나듯 「난정서」의 진본이 다시 나와야만 여러 모본과 임본諸本이 얼마나 정확했는지 검증해볼 수 있을 것이다.

昭陵發掘之後. 玉匣眞本再出. 爲賈人所得. 靖康年間. 與織女支機石. 來售於京師. 賈似道及見之. 旋因徽欽北去. 遂無下落. 如此神物. 必無與烟雲幻滅. 當在人間. 特人不得遭値於墨輪輪轉之時. 惟更俟迦葉出定年. 可以勘驗諸本耳.

그러나 소릉의 도굴 이후 「난정서」의 진본에 대한 여러 가지 설만 난무했지 한 번도 세상에 나온 적이 없기 때문에 그 신빙성이 떨어진

---

4 지기석支機石: 전설 속의 직녀가 베틀을 고이던 돌.
5 가사도賈似道: 남송 말기의 재상. 미술 애호가.

당 고종과 측천무후의 합장릉인 건릉乾陵. 섬서성陝西省 함양시咸陽市 건현乾縣의 양산梁山, 해발 1,074미터에 위치하고 있다. 역대 모든 황릉 가운데 최고로 일컬어지며 또한 가장 도굴하기 힘든 황릉으로 알려져 있다. 1200년 동안 도굴을 시도한 사람들 중 이름이 알려진 사람만 17명에 달하며, 그중 가장 규모가 큰 경우는 40만 명이 동원되어 양산의 절반을 파들어가기도 했다. 그러나 여전히 건릉은 측천무후와 그녀의 남편인 고종의 유체를 잘 보존하고 있다. 중국 역사상 유일한 합장릉이다.

다. 대체적 의견은 소릉에 「난정서」가 없었다는 데에 모아지고 있다.

그러면 「난정서」의 원본은 어디로 간 것일까. 당 태종 사후 300년도 안 되는 시점에서 도굴盜掘당한 것이므로, 종이가 바스러져 없어졌다는 것도 설득력이 없다. 「난정서」는 아마도 당시 기술이기는 하지만, 어느 정도 보존 처리를 했을 것이기에 상당 세월을 견딜 수 있을 것으로 보고 있기 때문이다. 당 태종이 그리도 애지중지하던 보물이 본인의 능에 묻혀 있지 않았다면, 당연한 논리적 귀결은 그다음 황제인 당고종高宗에게로 돌아갈 수밖에 없다. 따라서 현재의 많은 학자는 「난정서」 원본이 당 태종의 아들인 고종과 그의 부인 측천무후則天武后의 합장릉合葬陵인 건릉乾陵에 묻혀 있을 것이라고 예상한다.

중국 당국이 언제 건릉을 발굴할지 알 수 없지만, 만약 학계의 추정대로 건릉에서 「난정서」 원본이 세상에 나온다면, 아마도 단일 품목으로 역사상 가장 유명한 부장품목 리스트 순위를 뒤바꾸는 세기의 사건이 되지 않을까 생각한다. 문제는 아마도 우리들의 생전에 건릉이 발굴될 가능성이 없다는 것이니 정말 아쉬울 따름이다.

난정서의 진위眞僞 논란

이제 「난정서」와 관련된 마지막 쟁점을 남겨놓고 있다. '난정논변'蘭亭論辨이라 불리는 「난정서」의 진위眞僞 논란이 그것이다.

1965년 5월 경천동지驚天動地할 일이 벌어진다. 작가요 사학자이면서 정치가로도 저명한 중국의 곽말약郭沫若 교수가 「왕씨와 사씨 묘지에서 출토된 글씨체로 논한 「난정서」의 진위」란 논문을 발표한다.[6] 「난정서」자체가 왕희지가 지은 문장이 아니며, 따라서 왕희지가 쓴 글도 아니라는 충격적인 내용이었다. 수천 년간 '천하제일행서'天下第一行書로 불리며, 서성書聖 왕희지의 글씨를 대표하고, 역대의 수없이 많은 서예 작품 중 그 어느 작품도 뛰어넘을 수 없는 최고의 성가聲價를 누리며, 당 태종과 함께 묻혀 있다고 믿고 있는 이 작품이, 당나라 때 만들어진 '위작'이라는 내용의 논문발표는 온 학계를 벌집 쑤신 듯 소란스럽게 만든다. 고이적高二適 같은 학자가 이에 반박하는 논문[7]을 발표하자, 곽말약이 다

---

6 郭沫若, 「由王謝墓志的出土論到「蘭亭序」的眞僞」 참조.
7 高二適, 「「蘭亭序」的眞僞駁議」, 『光明日報』, 1965. 7.

시 이를 재반박하는[8] 등 논쟁이 전개된다. 학계에서도 곽말약을 지지하는 학자들과 고이적을 지지하는 학자들로 나뉘어 「난정서」의 진위를 다투게 된다. 이를 총칭해서 '난정논변'이라 하는데, 이 논쟁은 지금까지 끝나지 않은 채 이어져오고 있다.[9]

여기서 곽말약이 논문을 발표하는 계기가 되는 사건이 있다. 그것은 1965년 1월 19일 남경南京의 인대산人臺山에서 발굴된 「왕흥지부부묘지」王興之夫婦墓誌 출토 사건이다. 왕흥지는 왕희지의 사촌인데, 곽말약은 1958년에서 1965년 사이에 발견된 「사곤묘지」謝鯤墓誌, 323, 「왕흥지묘지」王興之墓誌, 341, 안겸顏謙의 부인인 「유씨묘지」劉氏墓誌, 345, 왕흥지의 부인인 「송씨묘지」宋氏墓誌, 348, 「유극묘지」劉尅墓誌, 358 등 동진 초기 삼십 몇 년 사이에 세워진 묘지들의 서법을 살펴본 결과, 왕희지가 살았던 시기는 서체의 발달 단계 중 기본적으로는 예서隷書 단계에 있었음을 밝혔다. 따라서 해서楷書로 쓰여진 「난정서」는 동진東晉 시대와 맞지 않으며, 후대인 당나라 때 쓰여진 것으로 보아야 한다고 지적하였다.

그럼 곽말약 이전에는 「난정서」의 진위를 의심한 사람이 없었는가. 그렇지는 않다. 곽말약에 앞서 「난정서」의 진위를 의심한 사람은 청나라 사람 이문전李文田으로서, 그는 단방端方이 소장한 「정무본」定武本의 발문跋文에 그 이유를 적었다. 첫째, 「난정서」의 필체가 남조南朝 양梁, 진陳 이후의 해서체라는 점, 둘째, 「금곡시서」金谷詩序를 모방하여 지었다는 「난정서」의 편폭이 「금곡시서」를 훨씬 초과한 점, 셋째, 해서체

---

8 郭沫若,「『駁議』的商討」,『光明日報』, 1965. 8.
9 난정서의 진위논쟁에 대해 보다 자세한 자료는 2016년 발간된 궈롄푸의 『왕희지 평전』 부록을 참조하기 바란다.

「난정서」의 서체 풍격이 왕희지 서체에 대한 역사상의 평가와 부합하지 않는 점[10] 등을 들었다. 곽말약은 거기에서 한걸음 더 나아가 「난정서」가 문장 면에서도 위작으로 의심되는 측면들을 지적하였다. 그 첫째 이유가 앞에서 살펴본 것처럼 「난정서」의 원본으로 보이는 「임하서」臨河序의 존재다. 시기적으로도 「임하서」가 난정연회蘭亭宴會가 열린 시점으로부터 가장 가까운 시기에 쓰여져서 실제와 가까울 가능성이 크다는 사실이다. 또 『세설신어』世說新語에 따르면 왕희지가 석숭石崇의 「금곡시서」를 모방하여 글을 지었다고 하는데, 그렇다면 글의 내용과 형식 등이 「금곡시서」와 비슷하여야 할 텐데, 바로 이 「임하서」는 글의 길이, 내용 그리고 마무리하는 부분까지 「금곡시서」와 매우 유사한 반면 「난정서」는 글도 훨씬 길고, 내용 면으로도 맞지 않는다는 점이다.

둘째로는 「난정서」의 비관적인 후반부 내용이 당시 흥겨웠던 난정연회 및 왕희지가 지은 사언시나 오언시 내용과 맞지 않고, 또한 후반부 내용에 들어 있는 도교에 대한 부정적인 말들이 당시의 시대상황, 특히나 도교에 독실했던 왕씨 가문의 전통에 비추어 가능하지 않다는 점 등이 그것이다. 곽말약의 이러한 논지를 이해하기 위해서는 먼저 왕희지의 낭야琅琊 왕씨 집안과 도교와의 특수한 관계를 먼저 살펴볼 필요가 있다.

왕씨 일가가 대대로 도교를 신봉하였음은 여러 문헌에서 확인된다. 그들의 본적인 낭야 지방이 천사교天師敎의 발원지 중 하나였을 뿐 아니라, 그들이 남도南渡한 후 정착한 회계會稽 지방도 도교가 성행하던

---

10 예컨대 당唐 하연지何延之의 「난정시말기」蘭亭始末記에는 "우군 즉 왕희지는 특히 초서와 예서에 능했다"右軍……, 尤善草隸고 평한다.

지역이어서, 그 영향을 자연스럽게 많이 받게 된다. 낭야 왕씨와 도교에 관한 일화[11]를 『진서』晉書 「왕희지전」에서 몇 가지 소개하면 다음과 같다.

왕씨 집안은 대대로 장릉張陵이 창시한 오두미도五斗米道:도교의 일파를 섬겼다. 왕씨 집안에서는 왕희지의 둘째아들인 왕응지王凝之가 점점 도교에 독실해졌는데, 손은孫恩이 회계會稽 땅을 공격하자 관리들이 군사적으로 대응하기를 청하여도 따르지 않고 곧장 정실靖室:도교의 기도실에 들어가 기도하였다. 나와서는 "내가 이미 대도大道에게 청한 바 귀병鬼兵이 도와주기로 하였으니, 적은 스스로 무너질 것이다" 하고는 준비를 하지 않고 있다가 급기야 손은에게 죽임을 당하였다.

王氏世事張氏五斗米道, 凝之彌篤. 孫恩之攻會稽, 僚佐請爲之備. 凝之不從, 方入靖室請禱, 出語諸將佐曰:"吾已請大道, 許鬼兵相助, 賊自破矣." 旣不設備, 遂爲孫所害.

손은은 그의 숙부 손태孫泰의 죽음을 복수하기 위해 반란을 일으켜 당시 동진 왕조를 큰 혼란에 빠뜨린 인물이다. 이때 왕응지는 부친인 왕희지에 이어 회계내사會稽內史를 하고 있다가, 어이없게도 종교만 믿고 반군에 대한 대응을 전혀 하지 못하여 죽임을 당하게 된다.

또 다른 왕씨 집안의 도교에 대한 일화는 '승흥이행 흥진이반'乘興而行 興盡而反 즉 "흥이 일어나 갔다가 흥이 다하자 돌아온 것일 뿐"이란

11 이승연, 「왕희지의 도교관과 서예」 참조.

고사로 유명한 왕희지의 5남인 왕휘지王徽之와 부친인 왕희지와 더불어이왕二王으로 불리는 7남인 왕헌지王獻之 사이의 일화를 들 수 있다.

휘지, 헌지 두 형제가 모두 병이 심하였는데, 한 도사가 와서 "사람의 생명이 다했을 때 누군가 기꺼이 대신해줄 수 있는 사람이 있으면 연명할 수 있다"고 말하자 휘지가 "저는, 재능도 벼슬도 동생인 헌지보다 못하니 청컨대 저의 남은 수명으로 동생의 생명을 대신하고 싶습니다"라고 하였다. 그러자 도사가 "죽을 자의 목숨을 대신한다고 할 때는 자신의 수명이 많이 남아 있어야 죽을 자에게 도움이 되는 법, 그런데 그대의 수명도 다했거늘 어찌 대신할 수 있겠는가?"라고 하였다. 이후 헌지는 금방 죽었다. ……곧 이어 휘지도 등에 혹이 터져서 한 달 정도 만에 죽어버렸다.

與獻之俱病篤, 時有術人云: "人命應終, 而有生人樂代者, 則死者可生." 徽之謂曰: "吾才位不如弟, 請以餘年代之." 術者曰: "代死者, 以己年有餘, 得以足亡者耳. 今君與弟算俱盡, 何代也!" 未幾, 獻之卒. ……先有背疾, 遂潰裂, 月餘亦卒.

이상의 일화 외에도, 왕헌지가 위독할 때 가족들이 공동으로 행한 아래 의식에서 왕씨 집안의 도교에 대한 신실함을 엿볼 수 있다.

헌지가 중태에 빠졌을 때 가족들은 '상장'上章을 행하였다. 도교의 '수과'首過의 법칙에 따라 가족들이 헌지에게 무슨 나쁜 짓을 한 적이 있느냐고 물었다. 헌지가 "내가 생각해보니, 오직 치가郗家와 이혼離婚한 일 이외에는 다른 것이 생각나지 않습니다"라고 대답하였다.

獻之遇疾, 家人爲上章, 道家法應首過, 問其有何得失. 對曰: "不覺
餘事, 惟憶與郗家離婚."

여기서 말하는 '상장'과 '수과'는 자기가 범한 지난날의 과오를 고백
하고 참회하게 하는 도교의식으로, 오늘날 가톨릭에서 행하는 '고해
성사'Confession와 유사한 의식이다. 도교에서는 죄를 짓는 것이 병의 원
인이라 보았기 때문에 죄의 참회를 통해 병을 치유할 수 있다고 생각
했다. 위의 문장에서 엿볼 수 있는 또 다른 흥미로운 시대상은 사족士族
집안 간 이혼離婚도 행해졌다는 사실이다.

이상의 일화를 통해 당시 최고의 명문가문이었던 낭야 왕씨 집안이
얼마나 도교에 독실하였는지를 살펴보았다. 그러면 이런 집안에서 자
라났고, 난정연회 당시 왕씨 집안을 이끌던 왕희지가 과연 자신의 손
으로, 다음과 같이 도교를 정면으로 부정하는 내용의 문장을 썼을까
하는 의문이 자연스럽게 제기될 수밖에 없다. 이러한 의혹은 따라서
「난정서」 후반부 내용이 위작이 아닌가 하는 의심으로까지 이어지게
된다.

도교에서 말하는 바 사死와 생生이 하나라는 것 '일사생'一死生이 진
실로 허황된 거짓이요, 700년을 산 팽조彭祖와 20세도 되지 않아 요
절한 자 '상자'殤子도 같다는 '제팽상'齊彭殤이라는 말 또한 요망스럽
게 지어낸 것임을 내가 알겠도다.

固知一死生爲虛誕, 齊彭殤爲妄作.

곽말약은 또한 「난정서」 후반부의 감성기조가 「난정시」의 감성기조

와 매우 다르다는 점에 주목한다. 즉, 「임하서」 또는 「난정서」 전반부의 내용은 매우 낙관적인 데 비해, '부인지상여'夫人之相與로 시작되는 「난정서」 후반부 내용은 매우 비관적이어서 앞뒤가 맞지 않을뿐더러, 왕희지 자신이 그날 지은 「난정시」 2수, 즉 사언시와 오언시의 기조와도 맞지 않다는 점, 그리고 그날 참여한 다른 사람들이 지은 시들도 모두 흥겨운 봄날의 연회를 그리고 있어 내용상 매우 이질적이라는 점을 예리하게 지적하고 있다.

예컨대, 그날 왕희지가 지은 오언시의 다음 부분을 살펴보자.

> 크도다, 조물주의 위대함이여!
> 만물은 모두 다르지만 그 본질상 같지均 않은 것이 없고
> 뭇 소리群籟가 비록 같지 않지만參差
> 나에겐 친하지 않은 것이 없구나.

> 大矣造化功
> 萬殊靡不均
> 群籟雖參差
> 適我無非親

이 오언시 부분은 앞에서 설명했듯이 『장자』莊子 「변무편」駢拇篇과 「소요유」逍遙遊에 대한 곽상郭象의 주석註釋 부분을 인용한 것으로, 완전히 도교적 관점에서 쓴 시다. 따라서 연회를 할 때는 도교에 심취한 시를 짓고, 연회가 끝날 무렵에는 도교를 비판하는 글을 쓴다는 것은 상식적으로도 앞뒤가 맞지 않는다.

「난정서」가 위작이라는 또 다른 유력한 증거는 위진魏晉시대 명문장

을 모두 모아 수록한『문선』文選에 이 글이 실려 있지 않다는 점이 그 것이라는 지적이 있어 왔다. 사실『문선』을 편찬한 양梁나라 소명태자 昭明太子, 501~531는 대단한 문학광으로, 당시까지는 거의 이름이 없다 시피 한 도연명陶淵明이란 문인을 발굴해낸 장본인이기도 하다. 명문 이란 명문은 모두 발굴해내려고 당시까지 전해 내려온 모든 문헌을 이 잡듯이 뒤지며 심지어 도연명처럼 이름조차 없었던 문인도 발굴해 낸 소명태자의 관점에서 한번 생각해보자. 충분히 명문이라 볼 수 있 는「난정서」가 당시의 떠들썩했던 난정연회와 더불어, 채 200년도 지 나지 않은『문선』편찬 시점에 세인들에게 회자되고 있었음이 분명한 데, 어떻게 소명태자가 이 글의 존재를 인지하지 못할 수가 있겠는가. 따라서「난정서」가 위작이 아니라면, 왕희지의 유명세에 비추어, 어 떻게 이 글이『문선』에 실리지 않았을까 하는 점이 오랫동안 사람들 의 주목을 받아온 것이 사실이다. 진겸陳謙, 진허중陳虛中, 진정민陳正敏 등의 학자가 각기『문선』상 이유들을 거론하고 있지만,「난정서」가 위 작이라는 관점에서 보면『문선』에 실리지 않은 것이 오히려 자연스러 우며, 따라서『문선』에 실리지 않은 것 자체가「난정서」가 위작이라는 가장 강력한 논거가 될 수 있다는 지적이다.

만일「난정서」가 위작이라면, 누가 그 글을 썼을까. 곽말약은 왕희지 의 7대손이자, 남조南朝 진陳나라 때 영흔사永欣寺 승려를 지낸 지영智永 선사의 작품이라 결론짓는다. 지영은 왕희지의 다섯 번째 아들인 왕휘 지의 후손으로, 비록 불교에 귀의했지만 왕씨 가문에서 대대로 내려오 는 서예를 계승하여 서예에 힘썼다. 그가 얼마나 서예에 힘을 쏟았는 가 하면, 붓이 닳으면 한 석石이 들어가는 큰 대나무 상자에 넣었는데, 30년간 다 쓴 붓으로 이 큰 대나무 상자 다섯 개를 가득 채웠다고 전 해지는 정도다. 그의 제자가 바로 당 태종의「난정서」절취사건인 '소익렴난정'蕭翼賺蘭亭의 당사자로 유명한 변재辯才다. 곽말약은 「난정서」가 지영의 작품이라는 증거들도 제시했다. 예컨대 「난정서」 후반부 본문 중의 '수단수화 종기어진'修短隨化 終期於盡, 즉 "수명이 짧든 길든修短 자연의 조화를 따라隨化, 결국에는 그 생명이 다할 날이 있음에야 더 말해 무엇 하겠는가"의 일구一句는 선사禪師의 말솜씨 그대로이고, 그가 살았던 진나라 시대와도 걸맞으며, 서예적으로도 「난정서」의 '해의'楷意: 해서체楷書體 글씨는 지영선사가 살았던 시대와 맞다고 결론짓는다.

학자들의 결론은 어떠한가. 아직도 논쟁이 이어지고 있지만, 필자가 느끼는 바로는 현존하는 「난정서」는 왕희지의 작품이 아닌 쪽에 점차 무게가 실리고 있다. 문장 내용상의 여러 정황과 더불어 서예적으로도 맞지 않는 부분이 많기 때문이다. 그러나 왕희지가 쓰지 않았다고 해서 「난정서」의 가치가 없다고 하기에는 이미 너무나 많은 시간이 흘러버린 데다 이 작품 자체가 너무도 유명해져버렸다는 점은 부인할 수가 없다. 곽말약도 설사 「난정서」가 왕희지의 것이 아니라 하더라도 서예사書藝史상의 그의 자리를 부정하는 것은 아니고, 그 법첩의 예술적 가치를 부정하는 것도 아니며, 다만 역사를 본디의 모습으로 바로잡고자 하는 것이라는 의미를 덧붙였다.

결론적으로, 어찌되었거나 수천 년 중국 역사상 가장 위대한 예술작품으로 평가받고 있는 「난정서」가 위작일 가능성이 크다는 사실은 정말 매우 아이러니컬하지 않을 수 없다. 때로는 '진실'이 중요하기보다는 '우리가 진실이라고 믿는 것'이 더 중요하다는 반증이기도 하다.

추사秋史의 계첩고稧帖攷

이 글에서는 추사秋史 김정희金正喜, 1786~1856가 쓴 「난정서」에 대한 일종의 논문인 「계첩고」稧帖攷를 소개하겠다.

추사는 당대 최고의 학자답게 「난정서」에 대해서도 여러 편의 글을 남겼다. 「계첩고」 「서난정후」書蘭亭後, 「제영상본난정첩후」題穎上本蘭亭帖後, 「제국학본난정첩후」題國學本蘭亭帖後 등 네 편의 글이 있는데, 그중 「계첩고」의 글이 가장 상세하다. 필자는 이 글을 2009년경 처음 접하였는데, 당시 이미 「난정서」에 대해 제법 많은 공부가 축적된 이후였기 때문에 내심 "정보가 빈약했던 조선시대이니만큼 추사께서 「난정서」에 대해 글을 쓰셨지만 과연 어느 정도나 알고 계실까" 하는 호기심 어린 시선으로 이 글을 읽기 시작했다. 그러나 글을 다 읽고 난 후 한마디로 완전히 기가 꺾여버렸다. 그 이유는 고전번역원의 번역을 참조한 「계첩고」의 전문全文을 읽어보면 자연히 알게 될 것이다.

1.

「난정첩」蘭亭帖은 가장 고증考證하기 어렵다. 예컨대 '소익렴난정'蕭翼賺蘭亭이 천고에 바꿀 수 없는 설說로 전해 내려오지만, 태종

추사 김정희, 「계첩고」稧帖攷, 간송미술관 소장.

太宗이 진왕秦王시절 이미 그 진본을 얻었다는 증거도 전해지니, 원본原本을 수장할 때부터 그 설의 같고 다름이 이와 같았다.

蘭亭最難考. 蕭翼賺蘭亭是千古不易之說, 然太宗在秦邸時, 已有得其眞本之一証, 此自原本收藏時其說之同異如是.

추사는 청나라 때 크게 유행한 고증학考證學의 영향을 받은 인물이다. 중국은 청나라로 들어오면서, 과거 찬란히 전해져 내려오던 문화유산에 대한 대대적 고증에 나서게 된다. 매우 엄격한 고증의 잣대를 과거의 문화유산 하나하나에 들이대고, 그 결과로 많은 작품이 후대에 조작된 것임이 학문적으로 밝혀진다. 예컨대 『서경』書經의 판본 중 하나인 『고문상서』古文尙書가 후대에 조작된 것임이 밝혀지고 제갈량諸葛亮의 「후출사표」後出師表가 조작된 것이 밝혀지는 등의 성과를 이루었다.

추사는 고증학의 대가답게 「난정서」도 고증학의 측면에서 접근을 시도하는데, "가장 고증考證하기 어렵다"最難考는 말로 글을 시작한다. 그 이유로 태종이 「난정서」를 획득한 시점부터 그 설說들이 분분함을 들고 있다. 예컨대 당나라 하연지何延之가 쓴 「난정시말기」蘭亭始末記에는 당 태종이 즉위한 후 소익蕭翼을 시켜 「난정서」를 빼앗았다는 말인 '소익렴난정'蕭翼賺蘭亭이란 설說이 전해진다. 반면 송나라 때 증굉부曾宏父의 「석각포서」石刻鋪敍와 역시 송나라 때 상세창桑世昌의 『난정고』蘭亭考 등에는 태종이 즉위하기 전인 진왕시절 이미 구양순을 시켜 그 진본을 얻었다는 설도 소개하고 있어 그 설들의 분분함이 시초부터 있었음을 알려준다. 참고로 상세창의 『난정고』의 해당 부분은 아래와 같다.

태종이 진왕시절 탑본楊本을 보고, 놀라고 기뻐하며 높은 가격을 주고 사려 하였지만 구할 수 없었다. 그리하여 구양순을 시켜 월주越州로 변재辯才에게 보내 이를 구하니, 무덕武德 4년에 마침내 「난정서」는 진왕부秦王府로 들어오게 되었다

太宗爲秦王日見楊本, 驚喜乃貴價市大王書, 蘭亭終不至也. 乃遣問辯才, 師歐陽詢就越州求得之以武德四年入秦府.

즉 상세창에 따르면, 태종이 황제가 되기 이전에 이미 「난정서」를 손에 넣었다는 것이다. 이어지는 「계첩고」 원문을 계속 살펴보자.

2.

「난정서」는 이후 구양순, 저수량이 임모臨摹하니, 이후로 구양순이 임모한 '구본'歐本은 곧「정무본」定武本으로 불리지만 실은 왕희지체王羲之體가 아닌 구양순체歐陽詢體이고, 저수량이 임모한 '저본'褚本은 곧「신룡본」神龍本으로 불리지만 이는 또한 저수량체褚遂良體인 것인데, '저본'은 또「신룡본」하나에만 그치지 않는다. 구양순과 저수량의 임모한 것이 서로 다른데, 만일 왕희지의 진짜 필체眞迹로 말한다면 또 별개일 수밖에 없다.

及其歐褚臨摹以來, 歐本卽定武, 自是歐體, 褚本卽神龍, 自是褚體, 褚本又不止一神龍而已, 兩摹各不同若以山陰眞迹言之, 又別矣.

추사는「난정서」의 첩본을 크게 보아 구양순의 '구본'과 저수량의 '저본' 두 가지로 대분한다. 구양순이 쓴 임본은 석각되어 탁본으로 전해지는데 이 석각 원석原石이 발견된 곳의 지명을 따서「정무본」定武本으로 불린다는 것은 앞서「구양순의 정무난정서」에서 이미 소개한 바 있다. 그런데 특이한 점은, 바로「신룡본」에 대한 추사의 기술이다. 추사는「신룡본」을 저수량의 임본으로 보고 있는데, 우리가 일반적으로 알고 있는「신룡본」은 풍승소馮承素가「난정서」를 쌍구법雙鉤法으로 모서한 것으로 알고 있기 때문에 상당한 혼선이 생긴다. 만일 추사가 얘기한「신룡본」이 우리가 알고 있는 현재 북경고궁박물원北京故宮博物院에 소장된「신룡본」이 아닌 다른「신룡본」을 얘기한 것이라면 문제는 더욱 심각해진다. 왜냐하면 현재 전해지는「난정서」의 첩본 중에는「신룡본」이 하나밖에 없기 때문이다.

그러면 추사는 왜「신룡본」을 저수량의 임본으로 얘기하고 있을까.

이 문제를 알아보기 위해 앞서 소개한, 「신룡본」을 소장하고 있는 북경고궁박물원의 설명[12]을 다시 들어보자. 먼저, 이 판본이 왜 '풍승소 모본摹本'이라 불리는지를 살펴보면, 이 판본의 발문跋文에 명나라 때 화가였던 항원변項元汴이 "당 중종中宗 때 풍승소가 황제의 명을 받들어 난정계첩蘭亭禊帖을 모서摹書하였다"[13]라고 적어놓아 이후로 '풍승소 모본'으로 받아들여지고 있다고 설명하고 있다.

그러면 왜 이 판본을 「신룡본」이라 부르는가. 이 판본에 당 중종中宗의 연호인 '신룡'神龍이란 낙관이 찍혀 있기 때문인데, '신룡'이란 글자가 절반만 찍혀 있어 이 판본을 「신룡반인본」神龍半印本이라고도 부른다. 그런데 북경고궁박물원의 설명에 의하면, "'신룡'이란 낙관은 사실상 당 중종 때 사용한 공식적인 관인官印이 아니기 때문에 후세 사람이 찍은 것으로 보인다. 따라서 사실상 풍승소 모본이란 것도 믿을 수 없으며 이 모본은 당나라 이후 전해지는 오래된 고모본古摹本 중 하나로 보는 것이 옳다"란 놀라운 설명이 붙어 있다.[14]

우리나라 서예계에서는 일반적으로 「신룡본」은 풍승소 모본이라고 거의 절대적으로 받아들이고 있기 때문에 이 글을 읽을 당시 필자의 놀라움은 매우 컸다. 이후 계속 찾아본 결과, 중국의 『명인모본』名人摹本이란 책에 다음과 같이 「신룡반인본」이 저수량의 임본이라고 소개하고 있는 것을 발견하였다.

---

12 북경고궁박물원 홈페이지 참조: http://www.dpm.org.cn/www_oldweb/Big5/phoweb/Relicpage/2/R896.htm

13 "唐中宗朝馮承素奉勒摹晉右軍將軍王羲之蘭亭禊帖."

14 "據考, 卷首'神龍'半印小璽並非唐中宗內府鈐印, 而是後人所添, 定馮承素摹也不可信, 但仍是唐以來流傳有緒的古摹本."

「난정서」는 왕희지 사후 270년간 민간에 소장되고 있다가, 당 태종 때 민간을 속이다시피 하여 황궁으로 가지고 들어와, 사후 에는 소릉^{昭陵}에 순장되었다. 이후 세상에 전해지는 종류만도 헤 아릴 수 없이 많아, 돌이나 나무에 새긴 각본^{刻本}, 베낀 모본, 임서 한 임본 등 많은 종류가 있다. 그중 유명한 것들로는 먼저 구양순 의 각석본인 「정무난정본」^{定武蘭亭本}을 들 수 있는데, 북송시대 하 북^{河北} 정무^{定武} 지방에서 발견하였기에 그리 불린다. 「낙양궁본」 ^{洛陽宮本}은 저수량의 19차 임모본으로 알려져 있는데, 이것은 본 래 태종이 지위가 높고 청렴했던 사람에게 상으로 하사했던 것으 로 알려져 있다. 저수량이 임서한 것으로는 또 「신룡반인본」^{神龍半} ^{印本}과 「장금계노본」^{張金界奴本}이 있는데, 전자는 '신룡'^{神龍}이란 반 인^{半印}이 찍혀 있어 그리 부르고, 후자는 '장금계노상진'^{張金界奴上進} 이란 글자가 쓰여 있어 그리 부른다. 또한 태종 때 탁서인^{拓書人}이었 던 홍문관^{弘文館} 풍승소가 쌍구^{雙鉤}법으로 모본한 「신룡본」^{神龍本}이 있는데, 그 묵색^{墨色}이 가장 살아 있는 듯하여 진품으로 꼽힌다. 이 외에도 「설직본」^{薛稷本}, 「사반귀비본」^{賜潘貴妃本}, 「영상본」^{穎上本}, 「낙 수본」^{落水本} 등이 있다.

「蘭亭序」在王羲之死後的二百七十年間在民間珍藏, 後唐太宗設法 從民間賺進禦府, 旋又殉葬昭陵. 傳世本種類很多, 或木石刻本, 或爲 摹本, 或爲臨本. 著名者如「定武蘭亭」, 傳爲歐陽詢臨摹上石, 因北 宋時發現於河北定武而得名. 「洛陽宮本蘭亭序」傳爲褚遂良第十九 次臨摹本, 此本爲唐太宗賜給高上廉者. 褚遂良所臨又傳有「神龍半 印本蘭亭序」, 「張金界奴本蘭亭序」, 因前者有 '神龍'半印, 後者有 '張金界奴上進'字. 又有唐太宗朝供奉拓書人直弘文館馮承素鉤摹

本, 稱「神龍本蘭亭」, 此本墨色最活, 被視爲珍品. 此外還有「薛稷本」「賜潘貴妃本」「穎上本」「落水本」, 等等.

즉, 이 『명인모본』이란 책에 의하면,「신룡본」이 풍승소 모본 이외에 저수량의 임본도 존재하였다는 결론에 도달한다. 따라서 오늘날 북경고궁박물원이 소장하고 있는「신룡본」이 추사가 얘기하는 저수량의 임본인지, 아니면 풍승소 모본인지는 확실치 않다. 어찌되었거나 요약하자면, 추사는 아무도 그런 주장을 하지 않을 때 이미「신룡본」이 저수량의 임본이라고 지적하였다는 놀라운 결론에 도달하게 된다.

3.

송나라 때 들어 상세창과 강기姜夔가 고증한 것들은 모두 구양순이 임모한「정무본」에만 치우쳤고, 저수량이 임모한 것에 대해서는 그리 상세하지 않다. 반면 미불米芾은 저수량의 임모본을 얻어서 이를 평생의 진완眞玩이며 천하제일로 여겼다. 예컨대 유由자를 논하면서 "그의 해서를 본 것 같다"고까지 하였으니, 이는 또 중점을 둔 것이 저수량 임본인 '저본'에 있었고「정무본」에 있지 않았다. 그러므로 '구본'과 '저본'은 서로 다르며, 혼동하여 일컬을 수 없는 것이다.

如桑姜所攷, 皆偏在於歐摹之定武, 於褚摹不甚詳及米南宮得褚摹眞影, 以爲平生眞玩 天下第一. 如論由字云"猶見其楷"則此又在於褚本而不在於定武者也. 不可渾稱於歐褚兩本矣.

◀「신룡본」, '군'群자 ▶「신룡본」, '숭'崇자
◀「신룡본」, '천'遷자 ▶「정무본」, '천'遷자

4.

또 군群자의 갈라진 다리와 숭崇자에 점을 세 개三點 찍는 경우는 구양순과 저수량이 서로 같으나, 천遷자에서 입을 트고開口 안 트는 경우는 구양순과 저수량이 서로 같지 않았다. 그런데 당 태종이 쓴 글씨와 회인懷仁: 당唐대 장안長安 홍복사弘福寺의 스님이 집자集字한 『집자성교서』聖教序는 모두 입을 터서 썼다. 태종은 반드시 진본眞本을 따라서 임서하고 굳이 저수량의 체법을 배우지 않았을 것이며, 회인 또한 진본을 따라서 모아 취했기 때문에 모두가 입을 튼 천遷자로 되었을 것이다. 그러므로 '구본'이 왕희지의 진적眞迹과 일호一毫도 틀림이 없다고 확정지을 수 없는 것이며, '구본'은 그대로 구양순체일 뿐인 것이다.

又如郡之権脚, 崇之三點, 歐褚之所同, 至於遷之開口不開口, 歐褚不同. 太宗所書及懷仁所集聖教序, 皆以開口書太宗必從眞本臨書, 未必學作褚法也, 懷仁亦從眞本取, 故皆作開口之遷字. 歐本之未可確定爲山陰眞影, 一毫不爽所以歐本自是歐體也.

이 부분은 그림을 통한 설명이 필요하다. 「난정서」 본문을 보면, '군현필지'群賢畢至란 대목의 '군'群자가 나오는데, 「신룡본」의 글씨를 확대하여 보면 다음과 같다.

즉, '군'群자 밑에 나오는 '양'羊자의 가로획이 두 갈래로 갈라진 것을 볼 수가 있는데, 이는 가끔 서예를 할 때 붓이 갈라져서 나오는 자연스런 경우다. 이 부분을 추사는 '차각'権脚: 갈라진 다리이라 표현하고 있는데, '구본'과 '저본' 모두에서 나타난다고 한다.

또한 '숭산준령'崇山峻嶺이란 구절에 나오는 '숭'崇자를 살펴보면, 마루 종宗자에 나오는 점 세 개가 구본과 저본 모두에서 나타나는 반면, '정수사천'情隨事遷의 '천'遷자에 있어서는 다음과 같은 차이가 나타난다고 지적한다

글자를 보면, 왼쪽 '서'西자 부분을 쓸 때 밑부분이 열려 있는 반면, 우측은 닫혀있다. 이런 차이를 추사는 '개구'開口: 입이 열려 있다와 '불개구'不開口: 입이 닫혀 있다로 표현한다. 저수량은 '개구'로 쓴 반면 구양순의 「정무본」에서는 '불개구'로 쓰여 있다는 것을 지적하였다. 당 태종이 직접 쓴 글씨와 그가 승려 회인懷仁에게 명하여 왕희지의 글자들을 모아 만든 『집자성교서』集字聖教序에는 모두 '개구'로 되어 있는데 아마도 왕희지가 쓴 난정서 원본에는 '개구'로 쓰여져 있을 것으로 추정하였다. 따라서 구양순의 「정무본」은 그냥 구양순체일 따름이지 왕희지의 글씨와 추호도 다르지 않다고 확정지어 말할 수는 없다고 지적한다. 추사의 아주 세밀한 부분까지 집어내어 지적해내는 관찰이 놀라울 따름이다.

5.

건륭乾隆 연간에는 내부內府에 수장된 것이 120본本이나 되었다. 일찍이 명明나라 때 유왕부裕王府[15]에서 소장본들을 한 번 세간에 빌려 내어준 적이 있다. 이때 살펴본 결과 여러 본本이 각각 서로 달라서 매우 괴이하고 불가사의한 곳이 있었다 한다. 이는 또 어떤 사람이 임모하여 변체變體된 것인가, 아니면 탕보철湯普徹과 풍승소 등 여러 사람이 모서摹書한 것 자체가 또한 원본이 아닌 각각 일본一本씩을 모서한 것이었던가.

---

15 유왕부裕王府: 12대 목종穆宗의 태자 시절을 일컬음.

乾隆間, 內府收藏, 爲一百二十本之多. 曾於裕府, 一借出諸本. 各
自不同, 有非常可怪, 不可思議處是又何人所摹翻, 而湯馮諸摹, 亦各
自一本歟.

이 부분에서 추사는 매우 놀라운 추정을 하고 있다. 즉, 풍승소 등이
모본한 대상이 왕희지의 원본이 아닌 임본을 모본했을 수도 있다는
의문을 표시하고 있는 것이다.

6.

지금 세간에 전하는 것으로는 「낙수본」을 제일로 치는데, 「낙수
본」도 또 황궁皇宮 내부內府로 들어갔다. 그러나 「낙수본」은 바로 조
자고趙子固[16]가 수장收藏한 것으로 일찍이 강기姜夔[17]의 삼본三本 가
운데 하나인데, 강기가 고증한 『계첩편방고』禊帖偏旁考도 「낙수본」
의 내용과 다 들어맞지 않으니, 오로지 「낙수본」만 가지고 말할 것
은 아니라고 보여진다. 그러나 「정무본」 또한 하나의 본本일 뿐이
니, 삼본 가운데 두 본은 또 어떠한 것인가? 조자고 이후 강기와 유
자지兪紫芝[18] 등 제인諸人들의 견해, 즉 「낙수본」만을 가지고 왕희지
진적의 표준으로 삼는 견해가 지금까지 이어지는데 어찌 이 견해
가 반드시 옳다 하겠는가.

今世間所傳, 以「落水本」爲第一, 而「落水本」又入於內府矣. 然「落

16 조자고趙子固: 송대 화가 조맹견趙孟堅을 일컬음.
17 강기姜夔: 송대 고증학자, 자字가 백석白石.
18 유자지兪紫芝: 송나라 때 시詩・서書에 모두 뛰어났던 유수로兪秀老를 일컬음.

水本」是趙子固所收藏, 而姜白石三本之一白石所證偏旁, 又未得盡
合其證, 未必傳以「落水本」爲說. 然定武則一耳, 三本中兩本 又復如
何歟? 以趙子固以上 姜白石. 兪紫芝諸人觀之今但以「落水本」爲山
陰眞影之圭臬者, 當復何如也.

추사시대에는 아마도 구양순의 「정무본」이 왕희지의 원적과 가장 가
깝다는 견해가 지배적이었던 것 같다. 송나라 때 고증학자인 강기도 이
런 견해, 즉 「정무본」을 주主로 삼아 『계첩편방고』禊帖偏傍考란 책을 썼는
데, 이후에 이 책은 난정의 진위를 가리는 지침이 되었다. 추사는 이러한
당시의 견해에 대해 강한 의문을 표시하고 있는 것이다. 즉, 강기가 소장
하였던 「낙수본」은 송대에 탁본한 「정무탁본」定武拓本인데, 이 「정무본」
역시 하나의 본本일 뿐이며 구양순체일 따름이지 왕희지의 진짜 글씨와
똑같다고 말하는 자체가 성립되지 않는다고 밝힌 것이다.

7.
조맹부의 '십삼발'十三跋과 '십칠발'十七跋 등의 본本은 지금 이미
없어졌고, 저본褚本인 「왕문혜본」王文惠本19만이 아직 남아 있다. 그
러나 왕본王本의 원적原蹟은 영자종산領字從山인데, 이 또한 항심恒
心 없는 자가 바꾸어 가버린 바가 되었고, 다만 그 미불의 발문에서
만 진적으로 여기고 있을 뿐이니, 지금 어떻게 왕희지의 원적을 거
슬러 올라가서 그 우열甲乙을 정할 수 있겠는가. 그리고 '추벽' 쾌

19 왕문혜王文惠: 송 인종宋仁宗 때 벼슬이 중서문하평장사中書門下平章事에 이른 왕수王
隨의 시호.

설'[20] 등 제본에 대해서는 아울러 논할 여지도 없는 것이다.

趙之十三跋十七跋等本, 今已燼殘, 褚本之「王文惠本」尙存. 然王
本之原蹟 爲領字從山者, 而亦爲無恒者所易去只其米跋爲眞而已. 今
將何以追溯山陰原蹟 定其甲乙. 至於秋碧快雪諸本, 並不暇論耳.

이 글에 나오는 '영자종산'領字從山이란, 앞서 살펴본 바와 같이 「난
정서」 본문의 '숭산준령'崇山峻嶺의 '령'嶺자를 대부분의 판본에서는
'령'領자로 쓰고 있는 데 반해, 저수량의 일부 판본에서는 아래처럼
'령'嶺자로 쓰고 있어 '영자종산'領字從山 즉 "령領자를 뫼 산山자 아래에
쓰다"라고 구분하여 부르는 것이다.

이 구절에 나오는 '무항자'無恒者는 『맹자』孟子 「양혜왕」梁惠王의 '항
산항심'恒産恒心 구절을 인용한 것으로, "양심 없는 자, 즉 제대로 된 선
비가 아닌 사람"을 뜻한다. 송 인종宋仁宗 연간에 송기宋祁라는 사람이
정무진수定武鎭帥로 있을 때 이씨 성을 가진 자가 「난정첩」蘭亭帖 석각
본石刻本을 얻어서 이를 송기에게 바치자, 송기가 이를 공고公庫에 보관
하였으니, 이것이 이른바 정무원석定武原石이다. 그런데 그후 설향薛向
이 정무진수로 가 있을 때 그의 아들 설소팽薛紹彭이 위본을 모각하여
이 공고에 있는 정무진석定武眞石과 바꾸어 가져가버린 일이 벌어지는
데, 추사가 말하는 '무항자소이거'無恒者所易去는 바로 이 설소팽이 정
무진석을 바꾸어 가져가버렸던 일을 말하는 것으로 보인다. 이 정무원
석은 다시 송 휘종宋徽宗 연간에 설소팽의 아우인 설사창薛嗣昌이 휘종

---

20 '추벽'秋碧은 왕희지의 편지첩으로 추정된다. '쾌설'快雪 역시 쾌설시청快雪時晴으로
시작되는 왕희지의 편지첩을 일컫는다.

에게 바쳤다고 하는데, 이후 전란을 거치면서 소실되게 된다.

　이상의 글을 통해 추사가 말하려는 메시지는 단순하다. 「난정서」의 원문을 알 길이 없는데, 여러 판본을 놓고 이것이 낫네 저것이 낫네라고 우열을 따지는 것 자체가 말이 되지 않는다는 것을 여러 고증자료를 들어 논박한다. 더하여, 당시를 지배했던 견해, 즉 구양순의 「정무본」이 왕희지의 원적原迹과 가장 가깝다는 견해에 대해, 그렇지 않으며 저수량의 임본도 똑같은 비중으로 다뤄야 한다는 것을 논박한 자료다. 이 글의 깊이에 대해 새삼 머리를 숙이게 된다.

인간사 회포를 자연에 흩어버리고

초연히 세상의 속박을 잊어버린다.

화사한 꽃망울들은 키가 빼어난 것과 작은 것들이 앞을 다투고

성근 소나무는 벼랑을 싸고 있다.

노니는 새는 하늘에서 유유히 날고

물고기는 맑은 물에서 팔딱거리네.

눈을 (자연으로) 돌려 즐거운 봄놀이에 마음을 기탁하노니

(인간사 회포)의 마음과 (그 푸는 대상인 자연의) 진리는 이 세상 가장 중요한 두 가지러라.

· 왕휘지王徽之

散懷山水

蕭然忘羈

秀薄粲穎

疎松籠崖

遊羽扇霄

鱗躍淸池

歸目寄歡

心冥二奇

부록

1. 본서에 나오는 고사성어故事成語

2. 난정서 원문과 고문진보 난정기의 다른 글자

3. 난정시 전문全文 해석

■ 부록 1

이 책에 나오는 고사성어^{故事成語}

관중규표^{管中窺豹} 대롱 구멍으로 표범을 본다는 뜻. 『진서』^{晉書} 「왕희지전」^{王羲之}
^傳에서, 왕희지의 7남인 왕헌지^{王獻之}와 관련된 고사에 나온다.

광풍제월^{光風霽月} 비가 갠 뒤의 상쾌한 경치^{光風}나 비가 갠 밤하늘의 밝은 달^霽
^月을 의미. 송나라 때 황정견^{黃庭堅}이 유명한 유학자 주돈이^{周敦頤}의 인품을 묘
사할 때 사용한 표현이다.

경광도협^{傾筐倒篋} 광주리를 기울이고 상자를 엎어, 있는 음식 없는 음식을 모
두 대접한다는 의미. 『세설신어』^{世說新語} 「현원」^{賢媛} 편의 고사다. 왕희지의 아
내는 동진^{東晉} 태위^{太尉} 치감^{郗鑒}의 딸인데 결혼 후 그녀는 친정으로 놀러왔다
가 두 남동생에게 "왕씨^{王氏} 집안 사람들은 사안^{謝安}과 사만^{謝萬}이 오면 '광주
리를 기울이고 상자를 엎어'^{傾筐倒篋} 있는 음식 없는 음식을 모두 내어 극진히
대접하면서도, 너희들이 오면 평상시처럼 대접하니 다음부턴 번거롭게 왕씨
집안에 왕래하지 말아라." 라고 말하였다 한다.

계사^{禊事} 몸을 씻으며 한 해의 액운을 떠나보내는 의식.

구망^{句芒} '목신'^{木神}을 일컬음 고대 중국의 신화에 나오는 인물로 동방상제인 복
희^{伏羲}를 보좌하고 봄을 주관함을 뜻하는데, 봄에 싹이 돋을 때 싹이 꼬부라
져 있고^句, 까끄라기^芒가 돋아 있어 그리 부른다.

구밀복검^{口蜜腹劍} 입으로는 달콤함을 말하나 뱃속에는 칼을 감추고 있다.

구석^{九錫} 옛날 중국에서 특별히 임금의 총애^{寵愛}를 받고 공로^{功勞}가 있는 신하에

게 내리던 아홉 가지 은전恩典. 곧 거마車馬·의복衣服·악기樂器·주호朱戶·납폐納陛·호분虎賁·궁시弓矢·도끼·거창秬鬯:수수와 향초를 섞어 빚은 술. 즉, 황제가 공이 지극한 신하에게 내리는, 사실상 황제와 맞먹는 특권을 부여하는 것으로, 이것을 하사한다는 것은 곧 황제의 자리를 양위한다는 의미로 받아들여졌다.

국궁진췌鞠躬盡瘁　제갈량諸葛亮의 「후출사표」後出師表에 나오는 말. 마음과 몸을 다하여 나라 일에 이바지함을 의미한다.

낙하음洛下吟　사안謝安이 본시 「낙하서생영」洛下書生詠 낙양洛陽 서생書生의 노래 이란 노래를 잘하였는데, 콧병을 앓아 그 소리가 탁하였다. 경사京師의 명사들이 그 노래를 따라 하려 해도 잘 되지 않자, 코를 쥐고 코맹맹이 소리를 내서 따라 하기도 한 것을 뜻한다. "뱁새가 황새 따라 하려 한다"는 의미가 된다. 『진서』晉書 「사안전」謝安傳에 전한다.

단장斷腸　얼마나 슬펐던지 창자가 모두 끊어져 있었다고 하는 고사에서 유래되었다. 『세설신어』世說新語 「출면」黜免 편에 실려 있는 환온桓溫의 고사. '단원'斷猿 또는 '단장원'斷腸猿으로도 사용된다.

대소大韶　순舜 임금의 음악. 『장자』莊子 「천하」天下 편에 나온다.

대장大章　요堯 임금의 음악. 『장자』 「천하」 편에 나온다.

대하大夏　우禹 임금의 음악. 『장자』 「천하」 편에 나온다.

대호大濩　탕湯 임금의 음악. 『장자』 「천하」 편에 나온다.

도단부陶丹府　요 임금陶唐氏의 태어난 나라가 도陶 나라이고 태어난 곳이 단릉丹陵이기 때문에 '도단부'陶丹府로 표현한 것. 사안謝安의 오언시에 나온다.

돈적거기囤積居奇　매점매석을 하여 돈을 모은다는 뜻.

막역지우莫逆之友　『장자』 「대종사」大宗師 편의 일화에서 비롯되는 성어. "서로 어긋남이 없는 친구"라는 의미다.

동상례東床禮　「왕희지전」王羲之傳에 치씨郗氏 집안 사위를 왕씨王氏 집안에서 고를 때, 다른 젊은이들은 모두 잘 보이려 애쓰는 반면 왕희지만 동쪽 마루에 배를 드러내놓고 있어 사윗감으로 낙착되었다는 고사에서 유래하는 말이다. 이후부터 결혼식이 끝난 뒤 신부 측에서 신랑 친구들에게 음식 대접하는 일을 '동상례'東床禮란 단어로 부르게 되었다.

묘유妙有　손작孫綽의 「유천태산부」遊天臺山賦에 나오는 단어. 이선李善의 주석에 따르면, "있다고 말하려 하나 볼 수가 없으니 곧 있는 것이 아니다. 고로 '묘'妙라 말한 것이요, 사물이 생겨난 이치를 말하려 하니 곧 없는 것이 아니다. 고로 '유'有라 말한 것이라. 즉, 이것은 없는 가운데 있는 것을 말한 것이니, 일컬어 '묘유'妙有라 한 것이다"欲言其有, 不見其形, 則非有, 故謂之妙; 欲言其物由之以生, 則非無, 故謂之有也. 斯乃無中之有, 謂之妙有也라고 풀이한다.

무武　무왕武王과 주공周公의 음악. 『장자』「천하」편에 나온다.

무우舞雩　『논어』論語「선진」先進 편에 나오는 공자와 증점曾點과의 고사에서 나온 단어. 공자께서 제자인 자로子路, 염구冉求, 증점曾點에게 "만일 세상에 너희들을 알아보는 사람이 있어 쓰임을 당한다면 무슨 일을 각자 하고 싶으냐?"고 묻는다. 이에, 자로는 "천승千乘의 병력을 가진 나라를 맡아 3년 안에 부흥시키겠습니다"라고 대답하고, 염구는 "사방 60~70리 되는 나라를 맡아, 3년 이내에 예악禮樂을 가르치겠습니다"라고 대답한다. 마지막으로 증점은 "늦봄에 봄옷이 이미 완성되었으면, 관을 쓴 어른 5~6명과 어린아이 6~7명과 함께 기수沂水에서 목욕하고 무우舞雩에서 바람을 쏘이며 노래하면서 돌아오겠습니다"莫春者 春服旣成 冠者五六人 童子六七人 浴乎沂 風乎舞雩 詠而歸라고 하니, 공자께서 감탄하시며 "나도 증점과 뜻을 같이하노라"라고 말씀하신 고사다.

벽옹辟雍　문왕文王의 음악. 『장자』「천하」편에 나온다.

사지태지 와석재후沙之汰之 瓦石在後　『진서』晉書에 성질 급한 손작孫綽이 앞서 가다가, 뒤에 처진 습착치習鑿齒를 보고 "모래를 걸러내면 기와와 돌은 뒤에 남는 법이지"沙之汰之, 瓦石在後 라고 말하자, 습착치가 "키를 까부르고 날리면,

속에 든 것이 없는 쭉정이와 겨는 앞에 떨어진다네"簸之揚之, 糠秕在前라고 답

하였다는 고사에서 유래했다.

상장上章 자기가 범한 지난날의 과오를 고백하고 참회하게 하는 도교 의식.

서산조래 치유상기西山朝來 致有爽氣 "서산에 아침이 오니, 그 기운이 상쾌하

도다"란 의미로, 왕휘지가 한 말. 빼어난 기상을 표현한다 하여, 고래로부터

많은 인용을 받은 구절로서, 우리나라 선비들에게서도 사랑을 받아왔다.『진

서』「왕희지전」에 왕휘지와 관련된 고사에 나온다.

섬계회도剡溪廻棹 "섬계剡溪에서 배를 돌림"이란 뜻인데, 아래 '승흥이행 흥진

이반'乘興而行 興盡而反 고사를 말한다.

섬계흥剡溪興 "섬계剡溪에서의 흥興"이란 뜻인데, 아래 '승흥이행 흥진이반'乘興

而行 興盡而反 고사를 말한다.

소익렴난정蕭翼賺蘭亭 소익蕭翼이 당 태종唐太宗의 명을 받아, 난정蘭亭을 속여서

취했다는 말로서, 당나라 때 하연지何延之가 쓴 「난정시말기」蘭亭始末記에 나오

는 고사를 말한다.

수과首過 자기가 범한 지난날의 과오를 고백하고 참회하게 하는 도교 의식. '상

장'上章과 같은 의미다.

승흥이행乘興而行 "흥이 일어나 감"이란 뜻으로,『진서』에 전하는 원문은 '승흥

이행 흥진이반'乘興而行 興盡而反 즉 "흥이 일어나 갔다가, 흥이 다하니 돌아왔

다"는 뜻이다.『진서』「왕희지전」에 왕휘지와 관련된 고사에 나온다. 눈 내리

는 밤, 왕휘지가 문득 자신의 친구 대규戴逵가 보고 싶어, 밤새도록 배를 타고

갔다가, 문 앞에서 그냥 돌아왔다는 고사에서 유래한다.

애매曖昧 "희미하여 어둡다"란 의미. 손작의 「난정후서」蘭亭後序에서 처음 사용

되었다.

어망양균於亡羊均 『장자』「변무」駢拇 편을 보면, 양羊을 치고 있던 두 사람이 나

온다. 이중 한 사람은 책을 읽고 있었고, 한 사람은 노름을 하고 있었는데, 두

사람 모두 양을 잃어버린다. 노름한 사람이 더 나쁜 행동을 하였다고 생각할 수 있지만, 장자는 얘기하길, '어망양균야'^{於亡羊均也}, 즉 "양을 잃게 된 이유는 다르나 본분을 망각하고 양을 잃게 된 것은 같다^均"고 말한다. 즉, 결과가 중요하다는 의미다.

엄비^{掩鼻} 낙하음^{洛下吟}과 같은 의미다.

영불^{瑩拂} 갈고 닦아내어 진리를 드러낸다는 의미. 손작의 「난정후서」에서 처음 사용되었다.

오의지유^{烏衣之游} 진군^{陳郡} 사씨^{謝氏} 가문간의 문중간 교류를 통한 문학집회. 동진^{東晉} 말엽의 뛰어난 시인이었던 사혼^{謝混}이 "옛날 오의항^{烏衣巷}에서 즐길 때, 너도나도 다 같은 성^姓이었지"^{昔爲烏衣游 戚戚皆親姓}라고 하여, 사씨들끼리의 교류였음을 자랑스러워했다는 기록이 있다.

오의항^{烏衣巷} 남경^{南京} 진회하^{秦淮河}의 남쪽을 일컫는다. 원래 동오^{東吳} 오의영^{烏衣營}의 주둔지여서 그리 이름 붙여짐. 동진^{東晉}시대 명사들이 거주하였던 곳으로, 개국공신인 왕도^{王導}, 사안^{謝安} 등의 후손들이 거주하였다.

요락^{寥落} '쇄락'^{灑落}의 의미, 즉 "맑고 깨끗하다"는 의미임. 손작의 「난정후서」^{蘭亭後序}에 나온다.

운조^{雲藻} 아름다운 시어^{詩語}들이 구름같이 모인다는 의미. 손작의 오언시에 나오는 단어다.

유방백세^{流芳百世} 『진서』「환온전」^{桓溫傳}에 나오는 말. 꽃다운 이름이 후세에 길이 전한다는 의미다.

유취만년^{遺臭萬年} 『진서』「환온전」에 나오는 말. 더러운 이름을 영원히 남긴다는 의미다.

좌우봉원^{左右逢源} 도처에 수원^{水源}을 얻듯 일이 모두 순조로움을 말한다.

죽마고우^{竹馬故友} 『진서』「환온전」에 나오는 말. 어린 시절부터 함께 자란 오랜 친구를 가리킨다.

준필^{儁筆} 기라성 같은 문인들을 총칭. 손작의 오언시에 나오는 단어. '휴필'^{携筆}로도 표기한다.

차군^{此君} '대나무'^竹를 뜻한다. 『진서』「왕희지전」에 왕휘지와 관련된 고사에 나온다.

청전구물^{青氈舊物} "전해오는 푸른 담요"란 뜻으로, 자기 집에서 가장 귀한 물건이란 의미다. 『진서』「왕희지전」에서, 왕희지의 7남인 왕헌지^{王獻之}와 관련된 고사에 나온다.

척지금성^{擲地金聲} 땅에 던지면 아름다운 소리가 난다는 의미로, 아름다운 문장을 비유. 『진서』^{晉書}「손초전」^{孫楚傳}에 손작은 「유천태산부」^{遊天臺山賦}를 짓고는 친구인 범영기^{范榮期}에게 읽어보라고 주면서 "시험삼아 땅에 한번 던져보게나, 금석의 소리가 날 걸세"라고 말하였다는 고사에서 유래한다.

충굴^{充屈} 충굴^{充詘}과 같은 의미. 즉, "기뻐서 법도를 잃은 모양"을 뜻함. 손작의 「난정후서」에 나온다.

타산지석^{他山之石} 『시경』^{詩經}「소아」^{小雅} 편 '학명'^{鶴鳴}에 나오는 말. 다른 산의 돌이라는 뜻으로, 다른 산에서 나는 거칠고 나쁜 돌이라도 숫돌로 쓰면 자기^{自己}의 옥을 갈 수가 있으므로, 다른 사람의 하찮은 언행^{言行}이라도 자기의 지덕^{智德}을 닦는 데 도움이 됨을 비유한다.

풍류소쇄^{風流瀟灑} 동진^{東晉}의 재상이었던 사안^{謝安}의 풍류와 깨끗한 성품을 일컫는다.

함지^{咸池} 황제^{黃帝}의 음악. 『장자』「천하」 편에 나온다.

현명^{玄冥} '북방의 신^神'으로 겨울을 의미한다.

희당^{羲唐} 전설상의 삼황오제 중 복희씨^{伏羲氏}와 요 임금인 당요^{唐堯}를 지칭하는 말로써, 즉 이들 성인들이 다스리던 태평성대를 의미한다. 사안^{謝安}의 오언시에 나온다.

난정서 원문과 고문진보 난정기의 다른 글자

「난정서」蘭亭序 「신룡본」神龍本의 원문
*「고문진보」古文眞寶의 「난정기」蘭亭記에 나타나는 글자는 괄호 안에 푸른색으로 표기했다.

永和九年, 歲在癸丑, 暮春之初, 會於會稽山陰之蘭亭, 脩稧(修稧)
事也. 羣賢畢至, 少長咸集. 此地有崇山峻領(嶺), 茂林脩竹; 又有清
流激湍, 暎(映)帶左右, 引以爲流觴曲水, 列坐其次. 雖無絲竹管弦
(絃)之盛, 一觴一詠, 亦足以暢敍幽情.

是日也, 天朗氣清, 惠風和暢. 仰觀宇宙之大, 俯察品類之盛. 所以
遊目騁懷, 足以極視聽之娛, 信可樂也.

夫人之相與, 俯仰一世, 或取諸懷抱, 悟言一室之內; 或因寄所託,
放浪形骸之外. 雖趣(取)舍萬殊, 靜躁不同, 當其欣於所遇, 蹔(暫)得
於己, 快(快)然自足, (曾)不知老之將至; 及其所之旣倦, 情隨事遷,
感慨係之矣. 向之所欣, 俯仰之間, 已爲陳迹, 猶(尤)不能不以之興
懷; 況脩短隨化, 終期於盡. 古人云:"死生亦大矣."豈不痛哉!

每攬(覽)昔人興感之由, 若合一契, 未嘗(嘗)不臨文嗟悼, 不能喻之
於懷. 固知一死生爲虛誕, 齊彭殤爲妄作. 後之視今, 亦由(猶)今之視
昔, 悲夫! 故列敍時人, 錄其所述, 雖世殊事異, 所以興懷, 其致一也.
後之攬(覽)者, 亦將有感於斯文.

이상을 정리하면 다음과 같다. 아래 표의 각 행은「난정서」「신룡본」 상의 행을 뜻한다.

	「난정서」	「난정기」
2행	脩稧	修禊
3행	峻領	峻嶺
3행	暎帶	映帶
4행	管弦	管絃
10행	蹔得	暫得
10행	快然	快然
10행	不知	曾不知
10행	趣舍	取舍
12행	猶不能	尤不能
14행	每攬	每覽
15행	未嘗	未嘗
16행	由今之	猶今之
18행	攬者	覽者

- **부록 3**

난정시 전문全文 해석

난정시蘭亭詩가 수록된 글 중 가장 연대가 앞서는 글은 당唐대 서예 가 유공권柳公權이 적어놓은 「난정시」이다. 이후 남송南宋대 학자 상세 창桑世昌은 자신의 저술인 『난정고』蘭亭考 제1권에서 이 시들을 다시 소 개한다. 이 자료들에 따르면, 왕희지王羲之, 사안謝安, 손작孫綽 등 11인 은 사언시 1수와 오언시 1수씩, 도합 2수를 각각 지었다. 반면 왕풍지 王豊之 등 15인은 사언시 또는 오언시를 1수씩만 지은 것으로 기록이 나와 있다. 따라서 이들 자료에 의하면 난정연회蘭亭宴會에서 지어진 시는 모두 37수에 달한다.

그런데 당唐의 미술사가인 장언원張彦遠: 815~879이 편찬한 『법서요 록』法書要錄에는, 다른 난정시 기록은 없으나, 왕희지가 지은 오언시 는 총 5수가 기록되어 있다. 다만 이 책에는 이들 시가 난정연회에서 지어졌다는 기록은 없다. 이후 명明대 풍유눌馮惟訥의 『고시기』古詩記 와 청淸대 오고증吳高增의 『난정지』蘭亭志에도 왕희지가 지은 시로 사 언시 1수와 오언시 5수가 실려 있다. 즉, 이들 기록에 의하면 난정시 는 총 41수가 되는 셈이다. 필자는 왕희지가 다른 연회 참석자들과 는 유독 다르게 6수나 되는 시를 짓지는 않았을 것으로 본다. 따라서 이 책에서는 상세창의 『난정고』에 나오는 총 37수의 난정시만을 소 개하기로 한다.

1. 우장군^{右將軍} 회계내사^{會稽內史} 왕희지^{王義之}

계절의 변화^{代謝}는 끊임이 없어^{鱗次}
어느덧 돌아서^周 한 해가 바뀌네.
기쁘게 이 봄을 맞으니
따사로운 봄바람은 부드러워
저 무우^{舞雩}에서 봄 노래를 부른 (증점^{曾點}과)
시대는 다르지만 (지닌 바 아취^{雅趣}는) 나도 같은 무리라네.
이에 같은 뜻을 지닌 동지^{齊契}들을 데려와^攜
자연^{一丘}에 인간사 회포를 풀어보네.

代謝鱗次
忽焉以周
欣此暮春
和氣載柔
詠彼舞雩
異世同流
乃攜齊契
散懷一丘

우러러 파아란 하늘가를 바라보고
굽혀 녹수가를 쳐다보니
고요하고 맑은 경치가 끝없이 펼쳐졌네.
눈길 가는 곳마다 자연^理이 스스로 펼쳐 있으니
크도다, 조물주의 위대함이여!

만물은 모두 다르지만 (그 본질상) 같지^均 않은 것이 없고
뭇 소리^{群籟}가 비록 같지 않지만^{參差}
나에겐 친하지 않은 것이 없구나.

仰眺碧天際
俯瞰綠水濱
寥朗無涯觀
寓目理自陳
大矣造化功
萬殊靡不均
群籟雖參差
適我無非親

2. 사도^{司徒} 사안^{謝安}

아 옛날 공자^{孔子}께서
봄놀이에 대한 마음을 품었건만
우리도 여기^茲 뜻이 맞는 친구^執들과 모임^契을 가져
자연^{林丘}에 인간사 회포^傲를 풀어보네^寄.
아득하게 봉우리들은 이어지고
언덕 밭두둑은 끝간 데가 없구나.
먼 하늘^霄엔 안개 드리웠고
차가운 샘물은 한가로이 흐르네.

伊昔先子

有懷春遊

契玆言執

寄傲林丘

森森連領

茫茫原疇

迴霄垂霧

凝泉散流

우리 다 함께 아름다운 시절을 만나

소탈하게 같이 바짓가랑이를 걷고 (계사禊事를 즐기니)

엷은 구름은 낮게 드리웠고

미풍은 가볍게 떠다니는 배처럼 부채질하듯 불어오는데

농익은 막걸리를 마시니 마치 요 임금의 나라에 있는 것 같아

홀연히 태평성대에 노니는데

세상 만물은 만 가지로 다르지만 본질은 모두 한 물상이니

어찌 팽조彭祖와 상자殤子를 다시 비교하리오.

相與欣佳節

率爾同褰裳

薄雲羅景物

微風扇輕航

醇醪陶丹府

兀若遊羲唐

萬殊混一象

安復覺彭殤

3. 사도司徒 좌서속左西屬 사만謝萬

높은 산을 마음껏 바라보고
울창한 숲에 눈길을 주네.
푸른 담쟁이는 무성해서 멧부리를 가렸고
긴 대나무 우뚝한 산
흐르는 계곡물은 맑은 울림을 내니
마치 비파를 타듯 우는 소리일세.
영롱한 꽃은 물기를 머금었고
옅은 안개비 날려 어둑해지네.

肆眺崇阿

寓目高林

青蘿翳岫

修竹冠岑

谷流清響

條鼓鳴音

玄萼吐潤

霏霧成陰

겨울은 그늘 깃발을 말고
봄은 햇볕 깃발을 펼치네.

봄비는 천하를 적시고

산들바람은 고운 꽃을 부채질하는구나.

푸른 숲은 온갖 꽃으로 빛을 발하고

붉은 꽃봉우리는 새 줄기에 빼어나네.

새는 날개를 편 채 한가로이 날고

물고기는 맑은 물에서 뛰노는구나.

玄冥卷陰旗

句芒舒陽旌

靈液被九區

光風扇鮮榮

碧林輝翠萼

紅葩擢新莖

翔禽無忓遠

騰鱗躍清泠

4. 좌사마左司馬 손작孫綽

대臺에 올라 봄노래를 읊고,

물가에 임하여 (계사도 행하도다.)

저 '벌목'伐木[1]의 친구들을 생각하니

오랜 이 아름다운 벗들이여.

1 벌목伐木: 『시경』詩經 「소아편」小雅篇, 친구들과 즐겁게 놀던 일을 의미한다.

긴 대나무는 연못을 덮고
물은 여울을 돌아 산을 에워쌌으니
도랑을 파서 격류를 끌어들여
띄운 술잔이 배처럼 끊임없구나.

春詠登臺
亦有臨流
懷彼伐木
宿此良儔
修竹蔭沼
旋瀨縈丘
穿池激湍
連濫觴舟

전해오는 풍속으로 굽이진 물가에서 액운을 떨치니
머문 구름은 그윽한 숲을 덮었네.
꾀꼬리는 긴 대숲 사이에서 노래하고
물속의 고기들은 물결을 희롱하고 있네.
붓이 가면 아름다운 시어詩語가 떨어지고
뜻 깊은 말들微言이 붓끝에서 쪼개져 나오네.
이 봄의 진수성찬이 어찌 달지 않으리오마는
음식 맛을 잊음은 아름다운 음악소리 때문이라네.

流風拂枉渚
亭雲蔭九皐

嚶羽吟修竹

游鱗戲蘭濤

雋筆落雲藻

微言剖纖毫

時珍豈不甘

忘味在聞韶

5. 행참군行參軍 서풍지徐豐之

내려다보니 흩어지는 하얀 물결이요
올려다보니 막 피어나는 향기로운 난초로다.
항상 생각하노니 속세를 떠난 은자隱者이러니
불어오는 바람 맞으며 긴 탄식 토하누나.

俯揮素波

仰掇芳蘭

尙想嘉客

希風永嘆

맑은 물소리는 훌륭한 음악 같고
(돗자리 대신) 자리에 깐 가시풀은 비단무늬 방석에 비길 듯.
잔 채운 술잔이 굽이진 곡수曲水 사이를 날아다니니
즐거운 가운데 붉어진 얼굴들 주름이 펴지누나.

淸響擬絲竹

班荊2對綺疏

零觴飛曲津

歡然朱顔舒

6. 전여도령前餘姚令 손통孫統

아득한 대자연을 바라보자니

세상 만물의 변화가 그 길이 하나라네.

(그러나) 모두가 한 가지 이치임을 깨닫지 못하고

저마다 목표를 달리하여 다투고 있다네.

한漢 진평陳平과 주발周勃은 (출세를 위해) 여러 가지 계책을 내고

상산사호商山四皓의 하황공夏黃公과 기리계綺里季는 은거했는데

범부인 나는 무엇을 보고 살까 하니

산수山水 너밖에는 기대할 것이 없도다.

茫茫大造

萬化齊軌

罔悟玄同3

2 반형班荊: 옛 친구를 만난 기쁨을 표현할 때 쓰는 말이다. 춘추 시대 초楚나라 오거伍擧가
  채蔡나라 성자聲子와 세교世交를 맺고 있었는데, 두 사람이 우연히 정鄭나라 교외에서
  만나 형초荊草를 자리에 깔고 앉아서班荊, 옛날이야기를 주고받았다는 고사에서 유래한
  것이다. 『춘추좌전』春秋左傳 양공襄公 26년에 나온다.
3 현동玄同:『회남자』淮南子 설산훈說山訓. 한 가지란 의미다.

競異標旨
平勃運謀⁴
黃綺隱几⁵
凡我仰希
期山期水

주인왕희지은 자연을 바라보고
우러러 은자^{隱者}의 자취를 찾는도다.
물결은 휘돌아서 (유상곡수의) 물길로 흘러들고
듬성한 대나무 사이 오동나무 무성하다.
물결 따라 가벼운 술잔이 맴돌고
차가운 바람은 소나무에서 불어 떨어진다.
철새가 긴 계곡 사이에서 지저귀니
온갖 소리가 잇닿은 봉우리에서 들려오도다.

地主觀山水
仰尋幽人踪
回沼激中逵
疏竹間修桐
回流轉輕觴
冷風飄落松

4 운모運謀: 운주모계運籌謀計의 준말로 여러 가지 계책을 낸다는 뜻이다.
5 황기黃綺는 상산사호商山四皓 중 하황공夏黃公과 기리계綺里季를 의미한다. 은궤隱几는
『장자』莊子「서무귀」徐无鬼 편 '南伯子綦隱几而坐'에 나오며 "책상에 기대앉는다"는 뜻
으로 은거함을 의미한다.

時禽吟長澗

萬籟吹連峰

7. 왕응지王凝之

장자莊子는 호강濠江 언덕에서 유랑을 했고
소부巢父는 영수潁水 가에서 산보를 했다네.
심원한 마음을 진실로 자연에 의탁하면
천년이 지나도 한곳으로 돌아오누나.

莊浪濠津[6]

巢步潁湄

冥心真寄

千載同歸

부드러운 바람 가는 솜처럼 솔솔 불어오니
화사한 봄기운에 마음이 기쁘도다.
가마를 타고 봄나들이 흥을 즐기노니
이리저리 거니는 모습 사통팔달 물길에 비치누나.

細縕柔風扇

熙怡和氣淳

6 장자가 호량濠梁의 물가에서 혜시惠施와 교유한 사건을 일컬음.

駕言興時遊

逍遙映通津

8. 왕숙지王肅之

지난날 한가한 때는

자연林嶺에 대한 미련味이 남아 있었도다.

오늘날 이처럼 자연에서 즐기니

마음이 안정되고 정신이 즐겁도다.

在昔暇日

味存林嶺

今我斯遊

神怡心靜

아름다운 모임에서 봄놀이를 즐기니

마음과 정신이 툭 터지는 듯하네.

유상곡수 휘돌아치는 물길에서 읊조리니

맑은 물결 어느새 물고기가 퍼득이누나.

嘉會欣時遊

豁爾暢心神

吟詠曲水瀨

淥波轉素鱗

9. 왕빈지王彬之

붉은 절벽은 발돋움하듯 서 있고
피어나는 꽃들은 숲 속에서 반짝이네.
맑은 개울 물결이 일어나니
물결이 올라갔다 내려갔다 반복하누나.

丹崖竦立
葩藻映林
渌水揚波
載浮載沉

신선한 꽃이 숲 속에서 빛나고
뛰노는 물고기는 맑은 물결을 희롱하누나.
물가에서 낚시를 즐겁게 드리우나
뜻이 어찌 물고기 잡는 데 있겠는가?

鮮葩映林薄
遊鱗戲清渠
臨川欣投釣
得意豈在魚

10. 왕휘지王徽之

인간사 회포를 자연에 흩어버리고,
초연히 세상의 속박을 잊어버린다.
화사한 꽃망울들은 키가 빼어난 것과 작은 것들이 앞을 다투고,
성근 소나무는 벼랑을 싸고 있다.
노니는 새는 하늘에서 유유히 날고,
물고기는 맑은 물에서 팔딱거리네.
눈을 (자연으로) 돌려 즐거운 봄놀이에 마음을 기탁하노니,
(인간사 회포)의 마음과 (그 푸는 대상인 자연의) 진리는 이 세상
가장 중요한 두 가지러라.

散懷山水
蕭然忘羈[7]
秀薄粲穎
疎松籠崖
遊羽扇霄
鱗躍淸池
歸目寄歡
心冥二奇

선사先師: 장자莊子께서는 '명장'冥藏이 있었다네.
어찌 세상의 근심에 얽매였으리오?

---

7 忘羈: 속박. 회懷의 다른 표현.

우리도 만일 진성眞性과 충허沖虛로 채울 수 있다면
어찌 소부巢父 허유許由의 모임에 모자라겠는가?

先師有冥藏[8]

安用羈世羅

未若保沖眞

齊契箕山阿

11. 진군陳郡 원교지袁嶠之

누군가 말했지
자기 뜻에 맞으면 기껍다고.
훌륭한 손님들이 모두 이르렀으니
서로 더불어 즐거이 노니는데
아름다운 노래를 번갈아 읊조리니
향기롭기가 난초와 같구나.
진실로 그 아취는 한 가지니
인간사 근심은 저 낚싯대 끝에 매달아놓으세.

人亦有言

得意則歡

佳賓既臻

8 명장冥藏: 도지서道之書를 말하는 것으로 도교에 관한 책을 뜻한다.

相與遊盤

微音迭詠

馥焉若蘭

苟齊一致

遐想⁹揭竿

사방을 다 돌아봐도 꽃과 숲의 무성함뿐이니

푸른 하늘을 우러러보고 맑은 시내를 내려다본다.

세차게 흐르는 물에 향기 나는 술을 흐르게 하니

걱정과 근심이 툭 터져 흩어지누나.

심원한 생각은 뛰어난 사람에게만 떠오르는 법

뛰어났던 고인이 읊던 시를 감상할 만한데.

(증점曾點 같은) 고인은 무우舞雩에서 읊었지만

오늘 우리도야 그와 같이 읊조리네.

四眺華林茂

俯仰晴川渙

激水流芳醪

豁爾累心散

遐想逸民軌

遺音良可玩

古人詠舞雩

今也同斯歎

9 하상遐想: 회회懷의 다른 표현.

已上十一人, 各成四言, 五言詩一首.

이상 11인, 각기 사언시와 오언시를 1수씩 지었다.

12. 산기상시散騎常侍 치담郗曇

온화한 바람 동쪽 골짜기에 일어나니
따뜻한 기운 어린 나뭇가지를 흔드는구나.
물가에 앉아 이상향을 떠올리니
말없이 봄놀이를 즐길 뿐.

溫風起東谷
和氣振柔條
端坐興遠想
薄言游近郊

13. 전참군前參軍 왕풍지王豐之

눈길 돌려 산 위의 바위들 바라보며
시냇가에서 시원스레 발을 담그도다.
시냇물 물고기와 하늘의 새를 보고 흥이 일어나니
이 자연幽峙에 편안함을 느낌이 어찌 자연스럽지 않으리.

肆眄岩岫

臨泉濯趾
感興魚鳥
安茲幽峙

14. 전상우령前上虞令 화무華茂

무성한 숲 울창도 하고
부서지는 물결 굽이굽이 치는구나.
둥둥 떠다니노니 가벼운 술잔들이니
흥이 일어났다 근심이 일어났다 하는구나.

林榮其鬱
浪激其隈
泛泛輕觴
載興載懷

15. 영천潁川 유우庾友

마음은 땅 끝자연을 달려
광활한 곳으로 가니(인간사 회포를 푸니)
진리자연와 인간사감정는 둘이 아닌 하나로세.
뜻 깊도다 오늘의 모임이여.

馳心域表
寥寥遠邁
理感則一
冥然斯會

16. 진군사마鎭軍司馬 우열虞說

(장자莊子 같은 고인의) 정신은 온 우주를 떠돌아도
육신은 호량濠梁의 물가를 노닌다.
한날의 즐거운 봄놀이에 마음을 쏟다가도
옛 고인의 덕을 마음속에 그려보노라.

神散宇宙內
形浪濠梁津
寄暢須臾歡
尙想味古人

17. 군공群功 조위방曹魏滂

봄은 조화로운 기운을 빚어내니
만물은 모두 한결같이 기뻐하고
현명한 군주왕희지는 시절의 풍년을 즐거워하는 법.
나와 노니 맑은 물결에 햇살이 비치누나.

흐르는 덕스러운 음악은 계속 이어지는데
어지러운 세상사 근심은 잊기 어렵도다.
자연을 바라보니 신발 벗고 물놀이하는 것이 부끄러워
냇가에 임하여도 낚시질을 사양하도다.

三春陶和氣
萬物齊一歡
明后欣時康
駕言映淸瀾
亹亹德音暢
蕭蕭遺世難
望巖愧脫屐
臨川謝揭竿

18. 군오관좌群五官佐 사역謝繹

인생사 발걸음 어디서 머물까나?
굽이치는 물결은 헤엄치는 물고기와 어우러진다.
천년 세월 하루아침 같으니
계사禊事에 몸 씻어 속세의 먼지들 떨어보세.

踪暢何所適
回波縈遊鱗
千載同一朝

沐浴陶清塵

19. 영천潁川 유온庾蘊

고개 들어 빈 배虛舟로 처신해야 함을 생각하고,
고개 숙여서 세상에 손님으로 왔음을 한탄하노니,
아침의 영화를 비록 즐겁다 얘기하지만,
저녁이면 죽는 것이 자연의 이치理致인 것을.

仰想虛舟[10]說
俯歎世上賓
朝榮雖云樂
夕斃理自因

20. 전중군참군前中軍參軍 손사孫嗣

바위를 바라보며 은거한 허유許由를 생각하고,
냇가에 다다라서 비범한 장자莊子를 생각한다.
누가 말했나? 진짜 풍류는 끝났다고.
천년이 지났어도 아름다운 풍속은 (오늘처럼) 이어지는 것을.

10 허주虛舟: 『장자』 「산목」山木 편의 '배를 나란히 하고 황하를 건널 제, 빈 배의 경우 와
   서 자기 배에 부딪친다 해도 비록 속이 좁은 사람도 성내지 않는다'는 고사를 말한다.

望巖懷逸許
臨流想奇莊[11]
誰云眞風絶
千載挹餘芳[12]

21. 행참군行參軍 조무지曹茂之

때때로 누군들 인간사 회포가 없겠느냐만
(오늘만큼은) 자연에 맡겨 회포를 흩어버리네.
속세를 떠난 은자隱者를 상상하노라니
아득히 여유가 느껴지도다.

時來誰不懷
寄散山林間
尙想方外賓
迢迢有餘閒

22. 서주서평徐州西平 조화曹華

원하노니 장자莊子와 같이 노닐며

---

11 장자가 호량濠梁의 물가에서 혜시惠施와 교유한 사건을 뜻한다.
12 읍挹: 읍작挹酌으로 술독에서 계속 떠내듯 이어짐을 의미한다.

호량濠梁에서의 혜시惠施와의 문답에 대한 답을 얻길 원하노라.

답을 얻으면所適 미친 듯 노래부르며

이상향에서 길이길이 노니리라.

願與達人遊

解結遨濠梁

狂吟任所適

浪游無何鄉[13]

23. 영양榮揚 환위桓偉

주인왕희지은 비록 회포가 없다지만

사람들은 나름의 세상사 근심이 있는 법.

공자께서 기수가에서 즐겼을 때

조용하지만 맘속에 생기가 넘쳐 흐르셨다네.

몇몇 제자들은 제 나름의 생각을 말함에

증점曾點만이 홀로 맑은 소리로 노래 불렀다네.

오늘의 놀이가 이처럼 즐거우니

세상사 근심 또한 잠깐 사이에 다 풀어지누나.

主人雖無懷

13 무하향無何鄉: 무하유지향無何有之鄉의 줄임말로, 어디에도 없는 곳이라는 의미로 현실의 제약을 벗어난 이상향을 뜻한다.

應物貴有尚[14]

宣尼遨沂津

蕭然心神王[15]

數子各言志

曾生發清唱

今我欣斯遊

慍情亦暫暢[16]

24. 왕원지王元之

소나무들은 암벽 위로 빼어나고

그윽한 계곡 맑은 물이 굽이치네.

마음속 회포를 자연에서 풀어버리니

막혔던 응어리 술 한 잔에 툭 터지누나.

松竹挺岩崖

幽澗激清流

蕭散肆情志

酣暢豁滯憂

14 물物은 타인을 일컫는다. 상尙 회懷의 다른 표현이다.

15 심신왕心神王 : 『장자』莊子 「양생주」養生主, 마음속에 생기가 넘쳐흐름을 뜻한다.

16 온정慍情: 회懷의 다른 표현.

25. 왕온지王蘊之

자연에서 마음속 회포를 풀어버리니
속세의 구속들 홀연히 사라지누나.
우러러 노래하노니 (장자莊子 등) 고인들의 아름다운 이름들이여
기쁜 마음으로 다시금 도교의 진리元를 되새기도다.

散豁情志暢
塵纓忽以捐
仰詠挹遺芳
怡神味重元

26. 왕환지王渙之

이 세상 들렀다 떠나는 유유悠悠한 (장자莊子 같은) 고인들이여
굵은 베옷만으로도 만족함이 어찌 존경스럽지 않은가?
초연한 발자취 홀로 만들어감은
예나 지금이나 다름없는 진리로세.

去來悠悠子
披褐[17]良足欽

---

17 피갈披褐: "성인은 피갈회옥披褐懷玉이라." 겉으로는 굵은 베옷을 입고 있으면서 속에
　보석 구슬을 품는다는 의미.『노자』老子 제70장.

超跡修獨往

真契齊古今

已上十五人一篇成

이상 15인, 1편씩 시를 지었다.

시랑侍郎 사괴謝瑰, 진국대장군연鎭國大將軍掾 변수卞迪, 왕헌지王獻之,
행장군行將軍 양모羊模, 행참군사行參軍事 앙구모卬丘髦, 참군參軍 공치孔熾,
참군參軍 유밀劉密, 산음령山陰令 우곡虞谷, 부공府功 조노이曹勞夷, 부주부
府主薄 후면後綿, 전장잠령前長岑令 화기華耆, 전여령前餘令 사등謝滕, 부주
부府主簿 임의任儗, 임성任城 여계呂系, 임성任城 여본呂本, 팽성彭城 조례曹禮

已上一十六人, 詩不成, 罰酒三巨觥

이상 16인은 시를 짓지 못해 벌주 세 말씩을 마셨다.

참고자료

1. 중국서적

歐陽詢,『藝文類聚』, 文光出版社, 1974.

羅貫中,『三國志演義』, 天一出版社, 1985.

馬國權,『孫過庭書譜譯註』, 明文書局, 1984.

房玄齡,『晉書』, 中華書局, 1974.

司馬遷,『司馬遷史記』, 小說文學社, 1985.

桑世昌,『蘭亭考』, 臺灣商務, 1965.

蕭通,『增補六臣注文選』, 漢京文化事業有限公司, 1983.

習鑿齒,『漢晉春秋』, 藝文印書館, 1971.

吳高增,『蘭亭志』, 上海古籍出版社, 1995.

吳楚材·吳調侯,『古文觀止』, 章福記書局, 1901.

阮籍,『達莊論』, 四川人民出版社, 1997.

王世舜,『莊子譯注』, 山東教育出版社, 1984.

柳公權,『唐柳公權書蘭亭詩』, 文物, 1963.

劉餗,『隋唐嘉話』, 新興, 1978.

兪松,『蘭亭續考』, 上海書畫出版社, 2000.

劉雅茹,『真名士, 自風流: 謝安這個人』, 天津教育出版社, 2008.

劉義慶,『世說新語補正』, 藝文, 1975.

張彦遠,『法書要錄』, 上海書畫出版社, 1986.

周密,『齊東野語校注』, 華東師範大學出版社, 1987.

周生杰,『太平御覽研究』, 巴蜀書局, 2008.

曾宏父, 「石刻鋪敍」,『石刻史料新編』, 新文豐出版公司, 1979.

馮惟訥,『古詩記』,臺灣商務.

何延之,『蘭亭記』,北京出版社, 2000.

『古文觀止』

2. 우리나라 서적

궈렌푸, 홍상훈 옮김,『왕희지 평전』, 연암서가, 2016

김영문 외 4인 옮김,『문선역주』, 소명출판, 2010.

김정희金正喜,『완당전집』阮堂全集, 민족문화추진회, 1996

노자, 김학주 옮김,『노자』老子, 을유문화사, 2001.

『논어』論語 附諺解영인본, 학민문화사, 2005.

『맹자』孟子 附諺解영인본, 학민문화사, 2005.

사마천司馬遷, 김원중 옮김,『사기열전』史記列傳, 을유문화사, 2001.

상관평, 차효진 옮김,『중국사 열전-황제』, 달과소, 2008.

『서전』書傳 附諺解영인본, 학민문화사, 2005.

『시전』詩傳 附諺解영인본, 학민문화사, 2005.

오초재 편,『고문관지』古文觀止, 지영사, 1998.

장자, 김달진 옮김,『장자』莊子, 문학동네, 1999.

장자, 김학주 옮김,『장자』莊子, 을유문화사, 2001.

정구복 옮김,「신라본기」新羅本紀『역주삼국사기』譯註三國史記, 한국정신문화연구원, 1997.

황견黃堅 엮음, 이장우 외 2인 옮김,『고문진보』古文眞寶, 을유문화사, 2001.

3. 중국논문

郭沫若,「由王謝墓志的出土論到「蘭亭序」的眞僞」,『文物』, 1965. 5.

郭沫若,「「駁議」的商討」,『光明日報』, 1965. 8.

高二適,「「蘭亭序」的眞僞駁議」,『光明日報』, 1965. 7.

商承祚,「論東晉的書法風格並及「蘭亭序」」,『中山大学学报』, 1996.

4. 우리나라 논문

강필임, 「동진 「난정시」 연구」, 『중국문학연구』 23권, 2001.

강필임, 「魏晉 自然觀과 阮籍〈詠懷詩〉」, 『중국문학연구』 21권, 2000.

강필임, 「晉宋 士族 家風과 文學의 相關性 硏究」, 『중국학보』 제45집, 2002.

김민나, 「『世說新語』에 표현된 魏晉名士의 審美觀-賞譽篇을 중심으로」, 『中國學報』, Vol.45, 2002.

김진영, 「竹林七賢의 交遊時期와 交遊場所」, 『中國文化硏究』 제6집, 2005.

김진영, 「『世說新語』의 품평을 통해 본 桓玄의 인물형상」, 『중국문화연구』 제8집, 2006.

노재현・강철기・이규환, 「중국의 流觴曲水宴 특성에 관한 연구」, 『한국전통조경학회지』 Vol. 8, 2010.

박승현, 「『淮南子』에 나타난 道家思想의 傾向」, 『중국학보』 제45집, 2002.

심계호, 「魏晉時代의 道敎文學」, 『도교학연구』 10, 1992.

이승연, 「王羲之의 道敎觀과 書藝」, 『도교문화연구』 제23집, 2005.

이향준, 「양산보梁山甫의 소쇄기상론瀟灑氣象論」, 『호남학연구』 제 32집, 33집, 2003.

5. 시詩 또는 부賦, 문장文章

굴원屈原, 「원유」遠遊.

김정희, 「계첩고」稧帖攷.

김정희, 「서난정후」書蘭亭後.

김정희, 「제영상본난정첩후」題穎上本蘭亭帖後.

김정희, 「제국학본난정첩후」題國學本蘭亭帖後.

두목杜牧, 「금곡원」金谷園.

손작孫綽, 「유천태산부」遊天臺山賦.

유우석劉禹錫, 「금릉오제」金陵五題 중 「오의항」烏衣巷 시.

장형張衡, 「사현부」思玄賦.

맺는말

　필자가 글로 남기고 싶은 이야기들은 거의 정리한 것 같다. 더 욕심을 내면 평생을 바쳐도 이 책을 완성하지 못할지 모른다는 두려움도 들기에 이 정도에서 마무리하는 것도 나쁘지 않다는 생각이다.

　우리가 살아가는 세상은 참으로 많은 일이 일어난다. 어제도 일어나고 오늘도 일어나며, 또 내일도 일어날 것이다. 그러나 이 많은 사건은 세월이 지나 '세월의 여과濾過'를 받고 나면 대부분은 망각되어버리고 그중 가장 중요한 사건 몇 가지만 역사는 기억하게 될 것이다. 필자는 어느 시대건 그 시대를 대변하는 몇 가지 사건들로 역사는 특징지워진다고 믿고 있다.

　예컨대 서양 정신문화의 중추를 이루는 기독교가 로마의 국교로 정해지는 일대사건인 니케아 공의회Concils Nicaea 사건, 근세 미국 역사의 큰 획을 긋는 노예해방 선언Emancipation Proclamation의 기초가 되는 게티즈버그 연설Gettysburg Address 등이다. 유구한 역사를 가진 중국의 경우, 극심한 혼란기였던 위진남북조魏晉南北朝시대를 대변하는 가장 중요한 역사적 사건 중 하나가 바로 이 책이 다룬 난정연회蘭亭宴會였다.

　「난정서」蘭亭序 및 난정연회를 이해하는 것은, 남북조시대 수백 년간의 중국 역사를 이해함과 동시에, 바로 이어지는 중국 역사상 가장 강대했던 제국인 당나라의 문화를 이해하는 기초가 되는 셈이다. '비전문가인 전문가'로서의 필자의 노력이, 이러한 시대적 산물인 중국 귀족문화貴族文化의 정수精髓를 이해하는 데 하나의 첫걸음이 되기를 소망한다. 아울러 스스로에게도 질문을 던져본다. 우리 시대도 수백 년이 흘러 '세월의 여과'를 받고 나면, 역사는 어떤 사건을 기억할 것인지를 말이다.

그 누가 알았겠는가. 1,600여 년 전, 중국의 경치 좋은 난정이란 곳에서 벌어졌던 하나의 잔치에 불과하였던 사건이, 수백 년 뒤 당 태종이란 절대 권력자를 통해 그 시대를 대변하는 가장 중요한 사건으로 특징지워질 것이란 것을. 마찬가지로, 누가 알겠는가? 우리 주변의 사소한 일들 하나가 오랜 세월이 지난 후에는 어떻게 역사에 의해 기억될 것이란 것을.

「난정서」의 구절을 인용하면서 이 글을 마무리하고자 한다.

후세 사람들이 지금의 우리를 보는 것도
지금의 우리가 옛날 사람을 보는 것과 같도다.

後之視今
亦由今之視昔

하태형 河泰亨

아호는 양우養愚. 1958년 대구에서 태어났다. 경북고등학교를 졸업하고 서울대학교와 KAIST 대학원에서 경영학과 경영과학을 전공했다. 미국으로 유학하여 뉴욕주립대학교 대학원에서 경제학으로 박사학위를 받았다.

파생상품투자 1세대로서 보아스투자자문을 설립하고 운영하였으며 이후 수원대 금융공학대학원장, 현대경제연구원 원장으로 재직하며 다양한 매체를 통해 국내외 경제전반에 대한 관심을 칼럼이나 방송 등에서 표명해왔다.

현재는 수원대 금융공학대학원에 교수로 복귀하여 강의하고 있으며, 법무법인 율촌에서 '미래와 법' 연구소장 겸 고문으로 있다.

2000년대 중반 하석 박원규 선생과의 만남을 통해 서예에 대한 안목을 얻게 되었고, 오랜 소망이었던 한학漢學을 다시 공부하게 되었다. 「난정서」를 접하게 된 이후 국내외 문헌을 찾아가며 「난정서」 연구에 심혈을 기울여 왔다.

평소 한문으로 된 고전명문을 찾아 새롭게 해석하여 발표하며 이 분야에 관심이 있는 분들과 교류하는 것을 취미의 즐거움으로 삼고 있다.